芥川文学の主題と技法
ー繰り返される塵労と二回の反転ー

鄭寅汶

책머리에

본서는 아쿠타가와 문학을 비판적 시점으로부터의 逆照射에 의해 아쿠타가와 작품의 매력을 부각시키는 것에 목적을 두고 있다. 그것을 아쿠타가와 문학의 내용면과 기법면으로 대별하여 그의 문학의 본질에 대해 추구해 보았다. 즉 아쿠타가와가 그의 작품에 표현한 언어나 내용의 해석을 통하여 왜 그가 그렇게 표현하지 않을 수 없었는지에 그 필연성에 대해 생각해 보았다. 그의 경우 어떤 때는 정면으로부터 객관적으로, 또 어떤 때는 극히 주관적으로 또는 서정적으로, 때로는 아이러니컬한 태도로 때로는 동화적 순수함으로 진실을 추구해 갔다. 이와 같은 아쿠타가와 문학의 본질은 내용면에서의 특징과 기법면에서의 특징을 추구하고자 하였던 것이다. 이것은 아쿠타가와 문학의 正과 負의 양면성에 걸치고 있는 것인데 이러한 모순이야말로 바로 아쿠타가와 문학의 핵심이라고 할 수 있는 것이고, 이러한 것 위에 필자 나름의 아쿠타가와 문학의 본질에 대해서 추구해 보았다. 즉, 이것은 아쿠타가와에 있어서 負를 추구하는 것이라면 동시에 그 내면의 숨겨진 아쿠타가와의 인간의 존엄에 대한 이해와 사랑도 함께 추구해야 한다는 것을 의미하는 것이기도 하다.

어려운 여건에도 기꺼이 출판해 주신 제이앤씨 관계자 여러분께도 감사드립니다.

2006년 6월

정인문 삼가 적음

目 次

芥川文学の主題と技法
ー繰り返される塵労と二回の反転ー

Ⅰ. 序論

芥川竜之介は日本国内のみならず、韓国・アメリカ・中国をはじめとする国外でもよく知られた作家であり、その作品は約三十か国語に翻訳され、今や国際作家の顔を持つ。

芥川は十年間に異常な多作をし、いくつかの中篇と百四十篇に及ぶ短篇を残したが、この他に随筆・俳句もよくした。おそらく、目眩いばかりにモチーフといい、テーマといい、広範囲から探り種々工夫を凝らし、それもそれぞれを一つのグレードによって描き切れた作家は、彼の他にいまい。さらに、彼の文学の裡には、近代人が当然抱え込まざるを得ない様々な問題を孕んでいる。近代と反近代、西洋と日本、感性と知性、芸術と実生活、主体と宗教、虚構と日常性などがそれである。これらを踏まえて、再び芥川文学に接する時、プロットや結構の奥に、真の芥川のさらなる魅力を発見できる。叙述は、時には絵画的に鮮明であり、又時には鋭く皮肉であり、ほとんど常に時代の風俗の細部を描くのに容易周到である。

そのため、芥川竜之介は、近代日本文学者の中でも、現在最も研究されている作家の一人である。事実、研究も進み、その広さ深さを増やしつつある。それは、芥川がその内に無数に分裂した因子を孕み現代の知識人と芸術家の宿命の典型を具現化しているゆえだろう。

芥川論の膨張は際限もない。芥川文学の本質を明らかにするためには、評伝的研究のほか、生涯をかけて書き残した全テクストを検討し、その思想や文学観を問うことが求められる。表現への着目を通して、芥川が時代や状況とどう格闘し、対決したかを見窮めるのである。つまり、これからは芥川を見つめてみる読者たちの欲求もさまざまであり、各個人のコードはその倍のスペクトロを標榜する時代が渡来した。例えば、熊谷孝は、戦後の芥川文学研究の主流は、「立論の前提・出発点をこの作家の死に求め、そこから逆照射するかたちで組み立てられたものではないのか[1)]」との懐疑を呈した。たしかに「敗北」という結論を前提に、そこにいかに近づけるかに努力を集中させた芥川論がなんと多いことか。しかし、そのような制度化された見方からは、新たな芥川竜之介像の出現の余地はない。

つまり、芥川文学を彼の文学揺籃期からたどり、虚構テクストとしての作品の呼び掛けに応じる「読み」を心掛けると、ここに新しい作品世界が広がる。芥川研究はテクストの「読み」と共にある芥川は読者を十分意識した作家である。

芥川作品の魅力は、心憎いまで、思想の肉体への投影がある。技巧の起伏陰影も美しく、神技に近い。何度読んでも飽きない、というよりも何年か経ちまた取り出して繰り返し読んでみたくなる作品ばかりである。感傷を抑制した乾いた語りくちで、愛憎の葛藤を簡潔に描いてゆく。しかし、そこにはあまりにも巧みに話が仕組まれすぎている、といった部分が見える。余韻を自然に残しているのではなく、余韻を自然に残そうと作者が配慮していることばだと考えてもいいからである。

それは相関的に対象を把握する芥川の心的作用の一端にすぎず、作品にふと洩らす感傷、優情なのであって、主旋律となって強く響いてはこない。文体を武器とする芥川は、表現効果をもっぱら考えるのは

1)『芥川文学手帳』、みずち書房、昭58

当然のなりゆきである。表現効果を求める以上、文章の巧拙にこだわる。それは芥川が鋭い美的鑑賞眼を所有していたということと無関係ではない。芥川は、その造形美術的方法によって創作する態度から、往々にして「見る」だけにとどまって「感じる」ことをしない場合がある。したがって細田源吉がいうように「彼の作品からは、大きな気魄も、深沈な心も見出すことが出来ません2)」という批判も受けることにもなった。

そのため、いままでの定まった角度からだけ芥川文学を切っていっても、ほんとう彼の文学の本質には到達しなかっただろうということがいえる。つまり、その全く逆の視点から芥川文学を解剖し、多様性をとらえられたとき、はじめて芥川の新しい像が浮かび上がってくるだろう。それはまた、芥川竜之介理解の一助になるならば幸いであろうと思われる。

このように、芥川文学の読みの多様性を目指すためにも自由な発想で解読していきたい。既成の芥川像にしばられているためになかなか出てこないだろうが、このようなものがありうると知ったとき、作品もまたこれまでと違った読みが可能になってくるわけである。それは、既成の芥川神話からの解放をめざす果敢な試みであろう。手垢にまみれた芥川を解き放つ一つの突破口を意図したのである。

この論文が、芥川文学の質、ないし性格をあらためて規定する上で一つの契機となればと思う。さらに、今後の芥川文学の深化、発展の第一歩となり、彼の文学研究に携わる韓国での後進のささやかな指針となりうるならば、と切に願うものである。

芥川について書かれた文献は同時代評も含めて夥しい数にのぼり、

---

2) 細田源吉、「好事的傾向を難ず」(「早稲田文学」大7・9)

それはおそらく漱石、鴎外に匹敵しようが、ともすればこうした資料や情報の中にまぎれて、自己の内に素直に築かれるべき、芥川像を見失ってしまいがちである。しかし、そのこと自体芥川の文学史上の存在意味の重さを語り、無視できぬ芥川像とその尽きぬ魅力を証明している。

「作品論」が研究の主流を占めて、現在まで相当歳月が過ぎた。その間に枚挙に遑なきほどの「作品論」が生れた。したがって、とりあえず作品論を中心にして石割透の「解説[3)]」、三好行雄の『芥川研究史[4)]』、宮坂覚の『芥川竜之介研究史[5)]』、三嶋譲の『芥川竜之介研究の現状[6)]』などをあわせて参照して先行研究史を概観していきたい。

芥川に対する同時代評の早いものとして、漱石の『鼻』に対する好意溢れた大正5年2月19日の芥川宛書簡がよく知られている。また公評されたものでは「新潮」(大5・4)の『文壇時事』の(第4次)「新思潮」創刊号に対する評がある。小さなものだが必ずしも『鼻』を一等のものと看做さない気配もあり、芥川の文壇進出には漱石の推挙によることがいかに大きかったが理解できる。以後常に文壇の華やかな位置に立たされた芥川には、賛否ともどもの評が浴せられた。

大正5年の段階では、その作品の基調をたとえば、江口渙は「澄切つた理智と洗練されたヒユモアーである[7)]」とし、そこに加藤武雄は「特異なる色彩[8)]」とし、石坂養平は「澄み渡つた独自の世界[9)]」を眺め、加藤武雄・田中純は「完成[10)]」を感じとっている。さらに、「老年ぶ

3)『日本文学研究資料叢書・芥川竜之介Ⅱ』、有精堂、昭52・9
4) 三好行雄編『芥川竜之介必携』、学灯社、昭54・2
5)『一冊の講座・芥川竜之介』、有精堂、昭57・7
6)「信州白樺」47号・48号、昭57・2
7)『芥川君の作品』(「東京日日新聞」大6・6・28、29、大7・1)
8)『芥川竜之介氏を論ず』(「新潮」大6・1)
9)『芥川竜之助論』(「文章世界」大8・4)
10) 加藤武雄、『芥川竜之介氏を論ず』(「新潮」大6・1)・田中純、『芥川竜之介

り」(田中純)や「人生の傍観者」(江口渙)としての一面が指摘され、「もつと勇猛に、もつと大胆に」(田中純)なれ、宮島新三郎は「心の奥を見せよ[11]」と批評されることになる。

芥川の第一創作集『羅生門』(阿蘭陀書房、大6・5)の刊行後、芥川への批評は本格化し、こうした中でその後長く尾を引くこととなるひとつの固定的芥川観が形成され、いわゆる新理知派、新技巧派、新現実派などの「便宜的レッテル」がはられることとなるのである。

やがてこれらの芥川論を集大成し、理論化したような論が現れる。文学史家の手になる初の芥川論とされる片岡良一の『芥川竜之介氏の作品』である。片岡は芥川の作品を出発時から保吉物あたりまでを整理して論じ、その特徴を「洗練された技巧」「徹底的に完成された芸術品」「気の利いた主題の選択[12]」などに見出している。異色のものは、芥川の死の直前に発表された青野季吉の『芥川竜之介氏と新時代[13]』である。青野の論と時を同じくして現れた室生犀星の『芥川竜之介の人と作』も、当時の支配的芥川観にとらわれず、文人の風格をもち、「前人未踏的な物語風」作家としての芥川を、率直な筆致で語ったものであった。室生は「詩的なるものとは文章の表面ではなく、行と行との間、字と字との間に、たなびく標渺たる作者の呼吸づかひや気魄や逼迫的なものを言ふのだ。芥川の文章の中にいつも此の標渺たる何物かがある[14]」としている。

芥川の自決後、多くの雑誌が追悼号を出し、知己友人などの追悼文が出た。その中で、大山郁夫の『実践的自己破壊の芸術』と題した芥川論では、芥川の死を「ブルジヨア芸術の、さし迫つた行詰まり及び

を論ず(文壇新人論１)』(「新潮」大8・1)
11)『芥川竜之介論ーその一面観』(「早稲田文学」大13・4)
12)「国語と国文学」大14・6
13)「不同調」昭2・7
14)「新潮」昭2・7

破綻の一面を反映してゐるものに外ならない[15]」ととらえ、芥川否定論を強く打ち出している。さらに、宮本顕治「『敗北』の文学―芥川竜之介の文学について[16]」とが、その否定的論調の強さにおいてきわだっていよう。特に雑誌「中央公論」「改造」「文芸秋春」などは芥川追悼の記事を載せ、芥川ブームを呼び、以後、生前をしのぐおびただしい量の芥川論が生産されていくことになる。

さて、「芥川を理解することは芥川を超克することに依ってのみ可能である」というモチーフのもとに、唐木順三はこの時期二つの芥川論を書く。『芥川竜之介の思想上の位置[17]』と『芥川竜之介に於ける人間の研究[18]』である。いずれも鮮明な問題意識に支えられた論考で、芥川的なるものの歴史的意味を深く追求している芥川超克の道は、井上良雄『芥川竜之介と志賀直哉[19]』でも激しく求められる。

昭和9年には、「浪漫古典」(5月号)、「文学」(11月号)の二つの雑誌が特集号を編んでいる。追悼号とは違って、客観的に芥川に取り組んだものは多い。昭和10年代に入り、徳田秋声、上司小剣、内田百閒、久米正雄らによる「座談会 芥川竜之介研究」(「新潮」昭10・7)、山岸外史『芥川竜之介』(ぐろりあ・そさえて 昭15・3)、小穴隆一『鯨のお詣り』(「中央公論 昭25・10」)などが目立つ。

ところで、芥川没後15年にあたる昭和17年に、芥川研究史に特筆される二つの研究書が刊行された。大正文学研究会編『芥川竜之介研究』と吉田精一の『芥川竜之介』である。この二書の刊行によって、本格的な芥川研究の軌道が敷設されたといえよう。芥川文学はここに至ってはじめて学問的な光を当てられたといってよいであろう。前者

15)「中央公論」昭2・9
16)「改造」昭4・8
17)「思想」昭4・9
18)「生活者」昭4・11
19)「磁場」昭7・4

は、出生から自殺まで、芥川の生涯をたどりつつ、ほとんどの作品に言及した評伝である。作品の理解は的確で掬すべき見解が多く、作家論としてもまとまっており、以後芥川研究の中軸となっていることは周知のとおりである。中でも特記すべきことは、芥川研究に不可欠の「材源研究」に果たした役割で、早くから体系的になされている。つまり、前者の視点は「芥川にいかなる関心を持ち、芥川をどう位置づけているか[20]」であり、真摯に芥川と対峙しているが、概して芥川評価は低い。共同研究所としては最初のものであり、未だに傾聴すべき創見もある。

後者は、吉田精一他の「総論」と、青柳優他16名による「特殊研究」、菊池寛らの「思ひ出」からなっており、作家論・作品論にわたって芥川を多角的に論じている。一巻としては芥川文学に批判的な見解が多いのが特徴であるが、芥川研究の視野を拡大したものである。つまり、客観的で実証的な芥川像を描くことを目指し、「作家芥川の全貌を、芸術と生涯の両面を絡み合わせつつ、解明[21]」しようとしたものである。後に「芥川竜之介の生涯と芸術」とタイトルが変更されたように、生涯と芸術の両面を相関させながら、評伝の体裁をとり、出生から自裁をとり、葬儀に至るまで、芥川の全貌がカバーされている。

芥川の生涯と文学は、ここに至ってはじめて包括的に論じられることとなった。このように、芥川再評価の徴候は、昭和10年代後半に求められるというものの、それがはっきりとした形をとって現れるのは、その後10年、戦後の昭和20年代後半までまたねばならなかった。

戦後、芥川の再評価は進む。戦後はいち早く、福田恆存の示唆に富んだ芥川論が出現し、一方で芥川に関する追憶・回想のたぐいが、次々と一本になり刊行されはじめた。

20）河出書房、昭17・7
21）三省堂、昭17・12

昭和20年代は、芥川身辺の人々から回想、証言などが、相次いで発表、刊行され、伝記面は大きく前進した。

昭和20年代後半にはじまった芥川再評価・再検討は、中村真一郎の『芥川竜之介』に象徴的に示されているといってよいだろう。「正統的な西欧文学の方法を意識した少数の作家のひとり[22]」として芥川を評価したものである。中村はそれまでの一定のパターンにはまった否定的芥川像への不満から「僕の芥川像」を築こうとする。こうした強力な中村の発言は、従来の過小評価の風潮を改めさせ、以後本格化していく芥川研究の先導的役割を演じたといえよう。また、中村光夫『二つの死[23]』による、大正文学史上での芥川の位置づけなどが注目されよう。

それは現代が芥川文学の苦闘の歴史から、なにを学ぶことができるのかが始めて本格的に論じられるに至ったのである。

昭和30年代の芥川研究は、多角化するとともに、作家論の領域で垂鉛はより深く下ろされ、実存の態様に迫り始めた。その端緒として、中村真一郎編『芥川竜之介案内[24]』と、福田恆存編『芥川竜之介研究[25]』とが注目される。

まず、この年代初の単行本和田繁二郎『芥川竜之介』は、芥川再評価を「今日の新しい問題」と押え、その小説の包容する「鋭い批判精神や、人間的なるものを護ろうとする情熱[26]」がリアリズムと無縁ではないとし、フィクションの再検討を試みている。この時期、雑誌・紀要などに連載されていた、長野嘗一による「今昔物語」の研究が、『古典と近代作家―芥川竜之介[27]』としてまとめられたのも、研究史

---

22) 要書房、昭29・10
23) 杉森久英編『近代作家』進路社、昭23・3
24) 岩波書店、昭30・8
25) 新潮社、昭32・1
26) 創元社、昭31・3

上画期的なことであった。詳細な材源探索の結果、多くの新しい材源が明らかにされている。次に、この期の芥川研究の顕著な一分野に、キリスト教との関連の追求がある。佐古純一郎『芥川竜之介における芸術の運命』はその代表格であり、「芥川における芸術の運命の問題をエゴイズムの悲劇の問題[28]」としてとらえている。佐藤泰正『近代日本文学とキリスト教　試論』中の芥川論もキリスト教との関連に光を当たもので、特に『西方の人』に「天上から地上へ登る[29]」志向を認めた画期的である。病跡学(パトグラフィー)の立場に立つ論考もこの時期から出現する。塩崎淑男『漱石・竜之介の精神異常[30]』が初めてあり、少し後には岩井寛『芥川竜之介ー芸術と病理[31]』という本も現れた。この時期の資料面で最大の収穫は、森本修『芥川竜之介伝記論考[32]』である。これは豊富な資料を駆使しての精緻な芥川伝である。一方、芥川作品の注釈は、この時期から本格的になされるようになる。筑摩書房版『芥川竜之介全集[33]』は、全巻に簡単な注釈を施し、評者への便を図った。また、吉田精一の手になる『近代文学注釈大系　芥川竜之介[34]』は、当時としては出色のもので、新しい発見がこめられていた。

この時代には、激動する社会の状況に眼をすえ、危機的意識のなかで芥川を再吟味するという問題意識を持った芥川論が登場する。

昭和40年代は、芥川研究が盛況を迎え、特に作品論で優れたものが続いている。昭和30年代に明らかにされた芥川像を基に、個々の作品

27）有朋堂、昭42・4
28）一古堂書店、昭31・4
29）創文社、昭38・9
30）白楊社、昭32・5
31）金剛出版社、昭44・10
32）明治書院、昭39・12
33）昭和33・2～12
34）有精堂、昭38・5

の読み直しが意欲的になされた結果と思われる。駒尺喜美編『芥川竜之介作品研究[35]』は、「作品研究」13篇と「特別研究」3篇からなっているが、作品の読みに重点を移した研究動向をよく示す一巻である。

まず、昭和41年には「国文学(12月)」が芥川特集号であった。昭和40年代から50年代にかけての芥川研究は、日本の近代文学研究そのものの進展と軌を一にしている。昭和42年より45年にかけて、「試行」に発表された梶木剛『芥川竜之介論』は、当時の時代状況を反映し、知識人の生き方を模索する論者の姿勢がなまなましい。己れの主体を賭け、芥川を語ることで自己の生を前進させようとする熱っぽいラディカルな論で説得力に富む。『西方の人』の「天上」から「地上」への志向に「破滅回避可能な知識人の唯一の位相[36]」をみる梶木は、そうした志向の一貫性の中で芥川の諸作をとらえる。

昭和40年代から50年にかけ、雑誌・紀要にすぐれた論文が相次いで発表され、芥川研究は著しく広さ深さを増した。

芥川竜之介を作品の克明な「読み」によって把えようとする試みは、没後50年あたりから盛んになってくる。三好行雄を筆頭に、海老井英次・菊地弘・平岡敏夫・勝倉寿一・宮坂覚・石割透・吉田俊彦らの研究書も出、状況は活性化しているものの、それ以後、日本近代文学の研究は「作品論」が主柱となって展開してきたことは周知のことだろう。

昭和50年代に入ってからも、作品論の集積は続いている。久保田正文『芥川竜之介・その二律背反[37]』、三好行雄『芥川竜之介論[38]』の三著が相次いで出版された。吉田精一の『芥川竜之介』によって、作

35）八木書店、昭44・5
36）「思想的査証」、国文社、昭46・1
37）有精堂、昭51・9
38）筑摩書房、昭51・9

家論の中にあまりに見事に組み込まれてしまっていた作品を、それぞれ独立させて作品世界の広がりを取り戻した、画期的な作品論であった。特に、この時期の芥川研究をリードしたのは三好行雄であり、テクストの入念な「読み」によるその作品のみが『芥川竜之介論』に結実する。その他に、高田瑞穂『芥川竜之介論考[39]』などがある。

この時期は、徐々に芥川の神話化が解体され、実像と面峙されるようになってきたと思う。また、日本近代文学研究の地平からみても、いわゆる作家自体の関心から、作品そのもの、テクストそのものに関心が移ったということもあると思う。外国の芥川研究家の発言もこの頃から盛んになった。

昭和52年は、芥川没後50年に当り、それを意識した企画、出版が相次いだ。最大のものは、何といっても7月から翌年7月にかけて岩波書店から刊行された全12巻『芥川竜之介全集』であった。こうした新全集・新資料の出現は、芥川研究を大幅に飛躍させることになり、それは初期作品の再検討から各作品の読みなおしまで及んでいる。それ以前に葛巻義敏編『芥川竜之介未定稿集[40]』の刊行もあって、ここに芥川研究の対象が、完璧とはいえないものの、ほぼ揃ったことになる。

昭和50年代半ばから60年代にかけては、長らく芥川研究に取り組んできた研究者の仕事が次々とまとめられていく。それまでの論を集大成した平岡敏夫『芥川竜之介―抒情の美学』でも三好の見解は常に意識されているようである。平岡は作品内部の個々の読みに数多くの卓抜な見解をそこに示しながら、それは結果的に部分的な対立に止まっている。この著書は「抒情の美学」との副題が付せられ、福田恆存らの芥川論の延長として、芥川文学の抒情性が強調されているが、各論が集合してこうした一冊の本としてまとめられれば、芥川像に統一性

39）有精堂、昭51・9
40）岩波書店、昭43・3

を欠き、モチーフの点でやや混乱を見せる結果にも陥っている[41]。平岡の本領はむしろ、文学史的な展望のもとに芥川を位置づけようとした、『芥川竜之介と国木田独歩』『芥川竜之介と高浜虚子』らに窺えるといえるのかも知れない。三好の論がモチーフに統一性を見せるが故に作家像が直線的となり、平岡はモチーフに比較的拘束されていないが故に逆に全体に統一性を欠く。

ところで三好の芥川研究を最も忠実に継承している一人に海老井英次がいる。海老井は、主に「作品論」の形で芥川の主要作品のほとんどの読みに取組み、新たな杭をうち続けてきた。昭和40年代の前半から続く、芥川にほぼ集中した観のある海老井の論は、三好の影響が顕著で、その磁力の大きさを感じさせる一つの典型である。作品に対するその真摯な態度には瞠目させられるが、論の背後に如何に独創的な芥川像が控えているか、といえばやや疑問であり、芥川を同時代の作家、文化的状況と照らし合せて相対化する、文化史・文学史的な展望にも欠けている観も否めまい。

キリスト教との関係に対する関心から出発した宮坂覚は近年は「『舞踏会』試論[42]」や「芥川竜之介『偸盗』論(上)(下)[43]」などの「作品論」に主力を注ぎ、そうした成果は『大川の水』(「心の花」大3・4)『羅生門』(「帝国文学」大4・11)『鼻』(「新思潮」大5・2)『奉教人の死』(「三田文学」大7・9)などの注釈・鑑賞を収めた『spirit 芥川竜之介[44]』に垣間見られよう。

また、浅野洋は「『戯作三昧』<書斎>の中の傀儡師[45]」や「『大川の水』と二十歳の選択[46]」などに斬新な読みを提示している。無論こ

41) 大修館、昭57・11
42)「文芸と思想」49、昭50・2
43)「フェリス女学院大学紀要」16 昭56・3、福岡女子大「香椎潟」26
44) 有精堂 昭60・7
45)「国文学」昭56・5

こに挙げたのは、ほんの一例にすぎないがそれぞれが細部においては従来の固定した読みを覆そうとし、事実多くの新見が織りこまれ、着実な成果をそれぞれに見せているが制度的な発想の枠内に止まり、刺激性にやや乏しい感じもする。

他に、清水康次が特に初期の作品に焦点をあわせ「『倫盗』論—風景からの仮説[47]」「『羅生門』試論[48]」などで固定した作家像から切り離れたところで主に初・中期作品に新しいアプローチを試みているのが見立つ。石割透『<芥川>とよばれた芸術家ー中期作品の世界』は、『さまよえる猶太人』(「新潮」大6・6)から『毛利先生』(「新潮」大8・1)に至る中期の作品を丁寧に分析し、「他者との関係の中で捉えられた私[49]」という手法の軌跡を追ったものである。ここには、語り手の位置へのあらたな注目、同時代の掘り起こしなどによって多くの新見が提出され、新しい照明があてられている。

これらの論の共通項は、作品論を基盤とした芥川へのアプローチである。ここにさまざまな「読み」が出現する。

昭和60年12月に明治書院から刊行された『芥川竜之介事典』(菊地弘・久保田芳太郎・関口安義共編)は、芥川研究に画期を告げるものとなった。以後の芥川研究は、この事典の成果に負うところが多い。芥川研究は、今や作品別研究史が必要な時代になっている。笠井秋生『芥川竜之介作品研究』は、きわめてオーソドックスな研究書であるが、巻末で著者自身も「作品別研究史の整理、検討なくして、芥川竜之介の実像に迫ることはできない[50]」と吐露する(あとがき)の如く、先行研究への周到な目配りを常に忘れない。

46) 熊本近代研究会「方位」4 昭57・5
47) 大阪女子大「女子大文学」(国文学篇 32) 昭56・3
48) 大阪女子大「女子大文学」31、昭55・3
49) 有精堂、平4・8
50) 双文社出版、平5・5

平成10年の生誕100年に始まるこの10年間に出版された単行本は69冊、雑誌特集号は14にのぼる。雑誌紀要掲載論文の数になると700を越える。相変わらずの盛況といわざるを得ない。次に、この時期には多くの論文(評論)集成が出版された。関口安義編『芥川竜之介研究資料集成51)』全11巻は戦前の文献65編を再録したもので、主要なものはこれでほぼ網羅されたといえよう。

戦後のものは、宮坂覚編『日本文学研究資料新集19 芥川竜之介・理知と抒情52)』、石割透編『日本文学研究資料新集20 芥川竜之介・作家とその時代53)』、菊地弘編『日本文学研究大成・芥川竜之介54)』全2巻、浅野洋編『日本文学研究論文集成・芥川竜之介55)』に集められているが、各編者の評価軸に沿った採録の仕方であり、雑誌紀要に発表された論文も相次いでまとめられた。

この時期は、だいたい昭和60年代以降に発表された論文が次々にまとめられて、いわば出版ラッシュとでもいうべき観を呈した。無論ここに挙げたのは、思い付くままにごくおおざっぱに拾ってみただけであるが、研究の傾向は作家・作品論が大勢を占め、他方、比較文学的視点・文体や表現の問題・知識人論を主軸とする現代文化総体へのかかわりなど、新しい主題の論も出現してきた。

以上、各作品の研究史については各作品を論ずる時、取り上げることにするが、ここでは留意すべきところを中心にしておさえていきたい。

とりあえず、芥川作品論について見のがすことができない評者は、吉田精一と三好行雄であろう。吉田精一の『芥川竜之介56)』と、三好

---

51) 日本図書センター、平5・9
52) 有精堂、平5・6
53) 有精堂、昭62・12
54) 国書刊行会、平6・9、平7・9
55) 若草書房、平11・10
56) 三省堂、昭17・12

行雄編の『芥川竜之介必携[57]』の二冊である。前者は、発行以来40年近い間、芥川文学研究の基であり続けた名著であり、研究史的にはもちろん画期的なものであるとともに、現在でも定説となっているもの、また傾聴すべき見解が豊かで、芥川研究者にとって常備の書といえる。芥川作品のほとんどに言及しながら、評伝を構成して秀れた作家論になっているが、短く言及した作品論においても的確な指摘が多く、この書の学習なしに芥川を論ずるのは「井戸の中のかわず」の徒労に等しい。初版以来、文庫本でも三種類ほど出て広く流布したが、現在では、『芥川竜之介Ⅰ』(「吉田精一著作集1」[58])の形で入手出来る。

そのため、芥川に関する本格的な研究はこの書を踏み台とすることより始まり、芥川の文学と生涯の見取図はこれによって定まった。出生から死亡・葬儀に至るまでの芥川の生涯は、細かな点まで追求され、彼の芸術は、作品集をたどりながら小説を中心に詩・短歌・俳句・評論・随筆などが幅広く論述される。芥川の生涯と文学は、ここに至ってはじめて包括的に論じられることとなった。特に、作品評価・作品の原拠など比較文学の分野にも秀で、短歌・俳句・評論・随筆にも細かい考察がゆきわたり、また大正の文学の流れをこの書から見る思いもする。伝記的にも「初恋」の重視・晩年の女性問題・遺伝の問題などに誠に独創的な見解も見られ、現在でもこの書を研究の出発点とすることに変わりない。この書から受ける示唆、影響によって研究はさらに細密化してきた。

三好行雄の『作品論の試み』(至文堂)が刊行されたのは昭和45年、著書としてここにまとまって提起された研究方法が先導する形で、それ以後、日本近代文学の研究は「作品論」が主柱となって展開してきたことは周知のことだろう。この時点での三好の「作品論」について

---

57) 学灯社、昭54・2
58) 桜楓社、昭54・11

は、「瑣末な事実への拘泥がめだちはじめていた伝記研究という実証主義と、作品をその全体性の解明を抜きにして、作家の点と線にまで還元するもう一つの実証主義」に対しての「アンチテーゼ」であったとの、「作品論をめぐる断章[59]」における、三好自身による後年の回想もある。三好にとって芥川はなによりも「もっとも愛読する作家の一人」であり、そうした三好にとって芥川を論ずることは「私」の表象としての意味を強く有していたらしい。

芥川の生きた「仮構の生」・「創造行為」にのみ「真の人生」があるとする芸術至上主義から晩年の「炉辺の幸福」への揺らぎ、その亀裂に潜在した芥川の悲劇・「西洋と日本」・宿命の「母」に対する見解など、芥川像に新しいものをうちたてた功績は、高く評価されるべきだろう。

三好の芥川論は、結論に到る手続きとして緻密な実証に頼る、というよりも、どちらかといえば、卓抜な直観力と繊細な感性、さらには独得のスタイルをもつ文体、そしてレトリックの妙に支えられていたことにも、その特色が見出せる。三好が芥川の「作品論」を手がけた昭和40年代からの芥川研究は、殊更に三好の影響が濃厚で、その方法にならった論が大勢を占め、「作品論」という形で現在まで継続している、といえよう。

私は、このような先行研究による評価の是非を参考にしながら、芥川研究におけるあらたな道筋と視野をひらくことを目指すことにした。

芥川ほどさまざまな論者からの見解が提出され、肯定と否定の間を揺れ動いた作家も稀である。まさに、解釈過剰と思われる現況を呈しており、かつ、一部作品においては反復回帰する解釈熱の波形を示し

---

59)『日本の近代小説１』(東京大学出版会 昭61・6)

てもいる。従来、芥川竜之介の文学論はあらゆる角度から論じられ、研究も水を漏らさぬ精緻なものがある。しかし、芥川の全作品の中には、いまだ読解のスポットがほとんど当っていないものや、従来の解釈パラダイムのままに放置されている作品も少なくはないのである。すべてを追うことは困難であるが、エポックを押えながら、その芥川研究を鳥瞰してみたい。ところで、本論文は二つの傾向から考察しようと思う。

その具体的な方法は主に芥川の作品に対面して記していこうと思う。

芥川が作品に表現した言語や内容の解析を通して、なぜに彼がそう表現せざるを得なかったかという必然性を探ってゆく。芥川竜之介の場合は、ある時は、正面から客観的に、またある時はきわめて主観的に抒情的に、時にはイロニー的態度で、時には童話的無邪気さで真実を追った。

例によって論を書きつぐ過程で、多くの先学から貴重な教示と示唆を得ている。多くの先行研究や近代公開された新資料等を踏まえつつ、多角的な視点からとらえようとする。このような、芥川の文業の中から選び出して、その全体像に迫ろうとするのは、もとより十全を期して可能なことではないが、本論文では、芥川文学の全域に視野を広げる方向性での読みを心懸けたつもりである。晩年には時代の流れに追従できぬ懐疑的で繊細な神経と、強烈な自我意識とによる厭世的人生観を文学的に定着させたが、この芥川晩年の作品の選定は少なかったことをあらかじめ明らかにしておく。作品の選定も、年代的に偏らないようにするとともに、多様な芥川文学の攻略に有効な布陣を目指して行なっている。芥川がもっとも力をそそいだのは小説であった。その小説集は生前8冊刊行されている。この小説を中心にして考察していきたい。

なお、引用本文は、とくに例示した場合をのぞいて、すべて筑摩書房版の『芥川竜之介全集』所収本文に統一し、敬称は略した。

II. 芥川文学の特徴－その主題－

第一部では、芥川の作品を批判的視点からアプローチしてそこから逆照射する形での彼の文学の魅力を触れてみた。第二部では、このようなことを下敷にして芥川文学の特徴について触れてみよう。それは、芥川文学を内容面と技法面に大きく分けて追求してみる。

1. 内容面 ― くり返される塵労 ―

a. はじめに

芥川文学の内容面を考察する前に、先行する諸評者たちの見解を時期を追って概観してみよう。

まず、片岡良一の『芥川竜之介氏の作品』をあげることができよう。彼は芥川作品を「裏打ちのない世界だつた」とし、「人生的価値よりも寧ろ美的価値に重きを置いた作風[1]」が後進文壇に影響を及ぼしたと結語するのである。唐木順三は、『芥川竜之介』で次のように述べている。芥川にとって人生は不合理そのものである。生を肯定すれば必

1)「国語と国文学」大14・6

然的に醜を肯定せざるをえない。芥川の厭世主義は、このくり返しがたい重なるにつれ、激しくなっていったと主張している[2)]。山本健吉は『芥川竜之介論』で「人間らしさ」を軽蔑しつつ「人間らしさ[3)]」を愛している点をあげている。佐藤春夫は『芥川竜之介論』で「種や仕掛の多いのが芥川文学の特色」で、作品には芥川の血が注ぎこまれてはいず、「知性で組み立てて神経で書く[4)]」といっている。和田繁二郎は『芥川竜之介』で、芥川の内包する「鋭い批判精神や、人間的なるものを護ろうとする情熱[5)]」をあげている。中村真一郎は『芥川竜之介』で芥川文学は「作品を構成する根本の骨組を、作者自身の生活におかずに、作者の観念のなかから選んで、主題におく、という、正統的な西欧文学の方法を意識した少数の作家のひとりである」と、芥川の小説の主題は「人間の孤独の承認と、それに対する詠嘆[6)]」とする。佐古純一郎は『芥川竜之介における芸術の運命』で、「芥川における芸術の運命の問題をエゴイズムの悲劇の問題[7)]」としてとらえている。駒尺喜美の『芥川竜之介論—その精神構造を中心に—』は、「認識と理想とを統一する事なく、相矛盾したものとして承認しつつ、しかも尚永遠に理想を求めて止まないところに自己の存在理由をみるという非合理だが実に美しい人間のイメージ[8)]」を終生いだきつづけた芥川への共感がこの論を支えているといえる。

福田恆存は『作家論・福田恆存評論集』(新潮社 昭41・11)収録の『芥川竜之介Ｉ』で「自己肯定のための比喩の文学」と規定する。芥

2)「思想」昭4・9
3)『近代日本文学研究・大正文学作家論(下)』小学館、昭18・1
4)『改訂近代日本文学の展望』河出書房 昭24・11
5) 創元社、昭31・3
6) 河出書房、昭29・10
7) 一古堂書店、昭31・4
8) 私家版、昭39・9、のち『芥川竜之介の世界』法政大学出版局、昭42・4として再刊

川の文学は、「善と悪、理想と現実との中間に位する空虚な真空地帯に造型をこころみ」たので、「神を信ぜずしてしかも人間の現実を超えんとする意思に憑かれた人間の宿命」にこそ彼の魅力があるとする。また、芥川の作品を支える重要な要素として「日本的優情[9]」を指摘している。平岡敏夫は『芥川における歴史物から現代物へ』で、芥川文学は抒情の文学であることを忘れてはならないとし、芥川作品に「日暮れ」からはじまるのが目立つこと、とくに秋の夕暮れがよく出ることから、「秋の三夕」として西行・定家・寂蓮の秀歌に代表される日本文学の伝統を、芥川文学が継承している点に注目したことがある[10]。梶木剛は『芥川竜之介の位相をめぐって』で、人間的本質存在が「自然」と「知識」の二重性を構造として生きるものという仮説の上に立ち、芥川的世界の論理を「造型志向(知識主義)が、一つの逆説として主題化され[11]」たものとして展開する。伊豆利彦は『芥川文学の原点』で、芥川の「温き心」にふれている。人生の苦難や辛酸、人間の弱さや醜さを知り尽くしながら、しかも人間に対して、この世に対して、「温き心」を失わぬ年長者の「やさしさ[12]」を讃美したと主張している。久保田正文の『芥川竜之介・その二律背反』は、「確立されるべき自我」と「崩壊すべき自我[13]」という二律背反に芥川の悲劇をみる。三好行雄の『芥川竜之介論』は、芥川の生を「仮構の生」とし、「創造行為」にのみ「真の人生」があるとする芸術至上的態度から「炉辺の幸福」への揺らぎに見る芥川の悲劇、宿命の「母」に対する、あるいは「西洋と日本」に対する見解など芥川像に確固としたものを築いた[14]。高田端穂の『芥川竜之介論考』は、「美意識」を中軸に

9)『芥川竜之介』(『福田恆存評論集』)、新潮社、昭41・11
10) 大東文化大学「日本文学研究」3、昭38・11
11)「試行」昭42・12～45・1、のち『思想的査証』国文社、昭46・1に収む
12)「日本文学」昭48・7
13) いれぶん出版、昭51・8

すえて、「美的ニヒリズム」を芥川の中にみ、「詩的精神の浄化[15]」に芥川の精髄をみるもので、耽美派との連なりを引き出している。海老井英次は『芥川竜之介の時間ー文学史のなかで』で、「自我の展開史とでも言うべき時間の軸によって芥川文学の位置付け[16]」を試みようとする。浅野洋は芥川文学の多くは、人間の内奥に潜むエゴイスティックな弱さを剔抉する「近代的寓話[17]」だが、他方、温かな人間的情愛に根ざす抒情味豊かな作品も少なくないと述べている。

その一方、日本高校での教科書で使われていることをうかがってみると、「それらを貫く最も重要な主題は、近代人のエゴの追求であり、芸術家における生の問題である[18]」と主張しているものもある。または他の教科書では「近代人にも通じるような自尊心やエゴイズムが描き出されている[19]」というふうに人間のエゴイズムを剔抉することに芥川文学の魅力をおいてある。

このように、思い付くままに簡単にまとめてみたが、先学たちの見解を視野を入れながら、私なりの芥川文学の主題について考えてみる。芥川文学の面白さは、一般的にその物語性、虚構性にあるといえると思う。人生という砂漠の中に芥川が築いて見せてくれる砂上の桜閣の面白さだと思う。人生の真実を求めるとか、人間いかに生きるべきかという如き求道性とは無縁に、人間という存在の多様さを巧みにアレンジして、あり得るかもしれない人間像の面白さを満喫させてくれる点が、芥川文学の魅力といえる。

芥川の文学の裡には、近代人が当然抱え込まざるを得ないさまざま

---

14) 筑摩書房、昭51・9
15) 有精堂、昭51・9
16)「国文学」、昭60・5
17) 芥川竜之介(新研究資料現代日本文学第一巻)、明治書院、平15・3
18) 新間進一・井上宗雄・前田愛共著、『日本文学史』、学文社、昭60・3
19) 松隈義勇・中野博雄共著、『簡明日本文学史』、日栄社、昭53・4

な問題が孕まされていたと思われる。近代と反近代、西洋と日本、感性と知性、芸術と実生活、主体と宗教、虚構と日常性などがそれである。これらを踏まえて、再び芥川文学に接する時、プロットや結構の奥に、真の芥川のさらなる魅了を発見できる。それは、自我の衝撃音に裏打ちされた魅了ばかりではなく、その文学の奥に秘められたそれが見え始める時でもある。

私がそもそも「くり返される塵労」ということに目についたのは、平岡敏夫の、芥川文学の中に「日暮れから始まる物語[20]」の系列を見るというところからヒントを得て着眼したのである。いわば、平岡は、芥川作品に「日暮れ」からはじまるのが目立つこと、とくに秋の夕暮れがよく出るというふうに述べている。平岡は「芥川竜之介の小説に日暮れからはじまるものが多いことに気づいたのは数年前であり、昭和五十一年に論文化していた[21]」と主張している。平岡は続いて「日暮れからはじまる物語というのは、夜の世界、これが小説空間だったわけです。これが「羅生門」だったわけです。そういうことをしっかり押さえないと、小説とは何であるかということの勉強ができない。現実世界のエゴイズムの問題とか、人間の心は頼りないとか、そういう問題だけで作品を料理してはいけないんじゃないか。あくまでもこの芥川がつくった日暮れからはじまる夜の世界としての「羅生門」というものをとらえなくてはいけないのじゃないか。人によって、いろいろ読み方が違うかも知れませんが、そういうことが結局、文学と現実、小説と日常と言いますか、非日常と日常と言ってもいいですけれど、そういう世界を教えることになる[22]」というところに、

---

20)「日暮れからはじまる物語ー芥川試論、『蜜柑』と『杜子春』その他」(香川大学「国文研究」1、昭51・9)

21)「日暮れから始まる物語」(『芥川竜之介と現代』)、大修館書店、平7・7

22) 上掲書、p111

私は大変興味を持って読んでいた。

このような平岡の線に従い、私なりの芥川文学の主題を「くり返される塵労」とみなし、『偸盗』『蜘蛛の糸』『蜜柑』『秋』『トロッコ』『玄鶴山房』を中心に考えてみよう。

芥川は『塵労』を「電気と文芸」という雑誌で大正9年８月、または「極短い小説二種」の「一」として掲載(「二」は『秀吉と神と』)した。この作品の粗筋は、ある春の午後、作家の「私」は、執筆のため修善寺か湯河原に逗留しようと思い、自分の小説集を出版予定の書肆に、印税の前借りを頼みに行く。旧友である編集者の田崎は、話を聞くと無邪気な羨望の色を浮かべて「僕はまだ臍の緒切つて以来、旅行らしい旅行はした事がない」という。忙しい生活に追われ経済的にも余裕のない田崎に、「私」は自分の「結城の着物を恥ぢたいやうな心持ち」になるが、田崎の近況を尋ねると、今までに類のない大規模な旅行案内」の編纂をしていると、得意気に答えるのだった。同時発表の『秀吉と神と』と共通のテーマは「当事者が気づかない矛盾の面白さ」であろう。しかしそれを笑うことが目的のようでありながら、笑いの後により深く訪れる生活への倦怠感、疲労感があり、大正9年という時期の芥川のありようが滲み出ている。

このように、「塵労」という言葉は芥川の作品にも含まれているが、私はこの「塵労」という面白さも加えて、この線により追求していきたい。

b.『偸盗』に表れた「くり返される塵労」の様態

小説は7月のある日ざかりに始まる。最初、読者に提示される風景は次のようなものである。

> 男の足をとめた辻には、枝の疎な、ひよろ長い葉柳が一本、この頃流行る疫病にでも罹つたかと思ふ姿で、形ばかりの影を地の上に落してゐるが、此処にさへ、その日に乾いた葉を動かさうと云ふ風はない。まして、日の光に照りつけられた大路には、あまりの暑さにめげたせゐか、人通りも今は一しきりとだえて、唯さつき通つた牛車の轍が長々とうねつてゐるばかり、その車の輪にひかれた、小さな蛇も、切り口の肉を青ませながら、始めは尾をぴくぴくやつてゐたが、何時か脂ぎつた腹を上へ向けて、もう鱗一つ動かさないやうになつてしまつた。どこもかしこも、災天の埃を浴びたこの町の辻で、僅に一滴の湿りを点じたものがあるとすれば、それはこの蛇の切れ口から出た、腥い腐れ水ばかりであらう。

冒頭において、世界は、「暑さ」と「静寂」とによって支配され、均質化された世界として設定されている。影はなく、風もなく、湿りもなく、さらに人通りもなく、動くものもない。舞台は、死臭の漂う王朝末期の荒廃した京の都で、主な登場人物はいずれも盗賊団の一味に属する。肉感的な女首領の沙金をはじめ、ともに彼女に魅かれる隻眼の兄・太郎と少年の面影を残す端正な容貌の弟・次郎、それに沙金の母はである猪熊の婆とその夫で沙金の養父にあたる爺、無垢で身重の下衆女・阿濃らが絡みあう。

作品前半の基調は、「兄弟＋女」の関係を軸として、沙金を頭領とした盗賊の一団の紹介にある。彼らは偸盗としては一団を形成する仲間でありながら、それぞれの間には消し難い反目を抱きあっている。兄太郎と弟次郎は、ともに盗賊の一味であり、猪熊の婆の娘で盗賊の頭である沙金という美しい女をめぐって反目する。

物語は、ひとまず沙金をめぐる太郎と次郎の兄弟による骨肉の愛憎ドラマを軸とするが、その展開は決して単線的ではない。

> 太郎もまた、自身の生を振り返っていた。
> 己が右の獄の放免をしてゐた説きの事を思へば、今では、遠い昔のやうな、心もちがする。あの説きの己と今の己とを比べれば、己自身にさへ、同じ人間のやうな気はしない。あの頃の己は、三宝を敬ふ事も忘れなければ、王法に遵ふ事も怠らなかつた。それが、今では、盗みもする。時によつては、火つけもする。人を殺した事も、二度や三度ではない。ああ、昔の己は—仲間の放免と一しよになつて、何時もの七半を打ちながら、笑ひ興じてゐた、あの昔の己は、今の己の眼から見ると、どの位仕合せだつたかわからない。

このように、太郎の回想は、婆の回想と類似している。過去にはしあわせな時間があったのだが、今は失われている。右の獄の放免として三宝を敬うことも忘れなければ、王法に遵うことも怠らなかった太郎も唯一度、あの女を見たばかりで、とうとう今のように身を堕した男である。太郎は沙金が大勢の男たちと通じあっていることを知っても「あの女の心は、己だけが占有してゐる」「女の操は、体にはない」と自らにいいきかせて嫉妬を抑えていたのだが、あの女と養父との関係はさすがに何ともいえず、不快だった。ましてや、牢破りや殺人まで犯して獄から救ってやったこともある弟の次郎と沙金の関係は到底耐えがたい。太郎は、沙金と関係している猪熊の爺を憎み、阿濃を爺の手から救ってやるようなところも持ってはいるが、いつの間にか悪事を働くのが、人間の自然かも知れないと思うようになっている。

後半に入って、藤判官の邸を襲った一団は、沙金が計り、次郎が暗黒の中に了解した裏切り行為によって、準備を整えていた藤判官の邸の者たちの反撃にあい、今や敗走の態勢に転じている。次郎との愛を完全なものとするために沙金は太郎を死地へ陥れようとしたのであり、次郎は沙金の魅力に迷って、兄を亡きものにする計略を黙認してしまったのだった。

しかし、太郎はその苦境から脱出し、かえって次郎の方がはからずも絶対絶命の境に追いつめられている。つまり、太郎の方は難関をきりぬけ、沙金から頼まれていた名馬を奪いとることにも成功し、それにまたがって敵の包囲を突破する。その時の太郎の脳裏にも、次郎の死を願う気持と、それを卑怯と恥じる自省とが交錯している。

今は沙金をめぐる対立から互いに相手の死を心の底では願っている兄弟が、兄は馬上、弟は野犬にとり囲まれて再会し、問題は一気に核心へ迫っていく。

太郎は、我を忘れて、叫びながら、険しく眉を顰めて、弟を見た。次郎も片手に太刀をかざしながら、項を反らせて、兄を見た。さうして刹那に二人とも、相手の瞳の奥にひそんでゐる、恐しいものを感じ合った。が、それは、文字通り刹那である。

この一瞬の後、太郎は我執の鬼と化し、弟をみすてて馬を駆る。押し入りの場で、狩り犬や野犬に囲まれて窮地に瀕している弟を見出し、一端はそれを見捨てたが、結局、弟への愛のために引き返して、弟を救出する。

忽ち又、脣を働いて、なつかしい語が、溢れて来た。「弟」である。

> 肉身の、忘れる事の出来ない「弟」である。(中略)この語の前には、一切の分別が眼底を払つて、消えてしまふ。弟が沙金かの、選択を強ひられた訳ではない。直下にこの語が電光の如く彼の心を打つたのである。彼は空も見なかつた。路も見なかつた。月は猶更眼にはいらなかつた。唯見たのは、限りない夜である。夜に似た愛憎の深みである。

分別、意識といおうと、悪ないしはエゴイズムといおうが、それらが人間の存在の痛苦であることにおいて変わりはない。太郎を包んでいるのは深い夜だけだった。そして繰り返していえば、おそらくそれは芥川をも包んでいたものである。それを越智治雄は「芥川は人がその暗闇の中で、「直下」に呼ぶ[1]」ものをのみ語ろうとしていると述べている。

太郎が、自分の中から溢れてくる弟の名を狂気の如く叫び、その声が、太郎の生を彼方へ奪い去っていったように、次郎や、婆や、爺が、それぞれに、かけがえのない者の名を呼んでいく。極限状況の中での獲得のモチーフは、そのような願望の場所に成立している。

その一方、次郎は、初々しい眉のあたりから、まだ子供らしさのぬけない風貌とともに登場している。隻眼で痘痕のある太郎の醜貌とは全く対照的である。この対照に何らかの意味があるとすれば、次郎の美貌は、第二節で示された彼のやさしさを象徴するのであろうが、しかし、太郎と次郎とは実は見かけほど、変っていない。

立本寺門前で、沙金は次郎に驚くべきことを告げる。それは今夜の襲撃をさきの藤判官の侍に話してしまったというのであり、それは太郎を殺すためだという。

---

1) 越智治雄、『偸盗』(国文学解釈と教材の研究第17巻第16号臨時号)、学灯社、昭47・12、p42

「あなたの為なら、妾誰を殺してもいゝ。」

この語の中には、蝎のやうに、人を刺すものがある。次郎は、再び一種の戦慄を感じた。

次郎は沙金との関係についても深く苦悩し、兄に対する自分の不義を憎んでいるが、内心女夜叉のごとき沙金の誘惑に負けて、兄殺しというまさに畜生的行為を承認するのである。

このようにして、羅生門の下の京の町では、盗賊団が藤判官の邸を襲っていた。一団は沙金と次郎の策謀によって手酷い目に会い、敗走の状態を見せていたが、太郎は運よく苦境から脱出し、逆に次郎が野犬と敵に囲まれて刻々迫ってくる生死の危急を感じていた。

その時、次郎に想起されたのは、次のような疑惑である。

さうして、それと共に、恐しい疑惑が、突然として、彼を脅かした。沙金はこの男と腹を合せて、兄のみならず、自分をも殺さうとするのではあるまいか。

このように、次郎の沙金に対する疑惑は、自己の生存のためには全てが許されるという畜生の論理につながる。つまり、次郎は、その時点で、かすかながら、あの阿濃の現ながらの夢につながる道を見つめているのである。次郎は猛犬の群に囲まれ危うくなり、太郎は一度は見過ごそうとするが肉親の愛にひかれて次郎を救う。

では、暗闇の中で、「直下」に呼ぶものとは何であろうか。それは太郎に救出された次郎の心情説明の中で、次のように語られている。

彼は、限りない安息が、徐に心を満して来るのを感じた。母の膝を離れてから、何年にも感じた事のない、静な、しかも力強い安息である。

このように、次郎の充足感を、芥川は母の膝の安息として捉えている。救われた次郎は、母の膝を離れてから、何年にも感じたことのない、静な、しかも力強い安息のなかで「兄さん」と呼ぶのである。

次は、網の目の中心にいるのは美しいメフィストフェレスにほかならぬ野生の女、沙金と、思念の惑いを知らぬ痴呆の下衆女、阿濃の方へ移してみる。彼らのからみあう人間関係の葛藤が、沙金をめぐる太郎と次郎の骨肉の争いをしだいに鋭角化し、やがて、決定的な行動にかりたてるという形で小説は進行するのだが、同時に、プロットの主軸を占める沙金系のものがたりが高音部の主題を提示しながら、阿濃にからむ猪熊の爺らの動きが、それに追随し、また交叉する低音部の主題をひびかせるという、プロットとモチーフの重層関係もたやすく見てとれる。実存の夜の淵をみたして、ひとを黎明にまでさそう、なにものかの気配、その無明からの救済のモチーフをになって、越智治雄がいうように、「阿濃・猪熊系のサブプロット[2)]」が編まれてゆく。

次には、もう一人代表的な我執の人である猪熊の爺をめぐる問題に目を転じてみたい。猪熊の爺は、「左兵衛府の下人」をしていたころ、現在の沙金によく似ていた猪熊の婆に懸想し、彼女が情人の子を生んで行方不明になるとにわかに、この世が味気なくなってしまい、ついには強盗にさえ身を堕したのである。今は沙金と通じているばかりか、白痴に近い無心の阿濃を孕ませた上に無理やり堕胎薬を飲ませようとさえする畜生である。

このように、太郎と次郎の和解にほとんど呼応して、作品は阿濃の子の誕生と猪熊の爺の死を語っていく。盗賊達が藤判官邸の襲撃に失敗して羅生門に引上げてきたその夜、かねてから父不明の子を妊っていた白痴の阿濃が子を生んだ。そして瀕死の重傷をおいやっとのこと

2) 越智治雄、『偸盗』(国文学解釈と教材の研究第17巻第16号臨時号)、学灯社、昭47・12

で逃げのびてきた猪熊の爺が、死を目前にして、その子の父が自分であることを告白する。この一件を作者は情熱をこめて書いているのである。猪熊の爺はやはりエゴイズムにとりつかれた人物であり、妻の連れ子の沙金と関係をもって、太郎から畜生と軽蔑され、今や二人の間は一触即発の対立関係である。爺は襲撃の場においても、彼の急を救うために身を挺した老妻を見殺しにしている。その意味で彼こそまさにエゴイズムの権化であり、死の真際までエゴの業から脱しきれない人物なのである。

その猪熊の爺が阿濃の生んだ子を前にした姿が次のように描写されている。

> 猪熊の爺は、寝た侭、徐に手をのべて、そつと赤ん坊の指に触れた。と、赤ん坊は、針にでも刺されたやうに、忽ちいたいたしい泣き声を上げる。平六は、彼を叱らうとして、さうして又、やめた。老人の顔が—血の気を失つた、この酒肥りの老人の顔が、その時ばかりは、平生とちがつた、犯し難い厳しさに、かゞやいてゐるやうな気がしたからである。

赤ん坊を見た爺は涙を流し、その顔は犯し難い厳しさに、かがやき、そこには秘密な喜びが、おりから吹き出した明け近い風のように、静かに、心地よく、溢れてくるのであった。猪熊の爺は、この時、暗い夜の向うに、—人間の眼のとどかない、遠くの空に、さびしく、冷かに明けて行く、不滅な、黎明を見たのである。この後、爺はその赤ん坊が自分の子であることを認めて静かに息を引きとるのである。

この場合、赤ん坊が自分の子供であることを認めるのは、白痴女の阿濃を手ごめにするという、破廉恥な行為を常習とする畜生である偸盗仲間においてさえ、はなはだしく嫌忌される醜い過去を自分に引き受けることであり、人間性を問われる行為だといえよう。一つの人間的な真実が猪熊の爺にもひそんでいたことが知れる。事実、爺はそれを決行したことによって前よりも真人間らしい顔になり得たのであった。猪熊の爺にとって、不滅な、黎明な救済の象徴だったのである。

以上のような猪熊の爺に、我執から救済への一つのドラマをみることができよう。爺は畜生とさえいわれた我執の深みから、ここに至って「真人間」という形で浮上できたわけである。前述したように、藤判官の邸へ押し入るのを機会に、太郎の殺害を期し、太郎を誘い込むが、結局、太郎と次郎は兄弟愛に目覚めた。つまり、太郎と次郎は、限りない夜の中で「直下」に呼ぶものによって救われ、猪熊の爺は、暗い夜の向うに光る不滅な、黎明によって「真人間」に転生している。我執の認識から、それを克服する救済の原理の確認というところにとどまらず、また人生はくり返されていく。

その一方、猪熊の婆は「垢じみた檜皮色の帷子に、黄ばんだ髪の毛を垂らして、尻の切れた藁草履をひきずりながら、長い蛙股の枝をついた、眼の円に、口の大きな、どこか蟇の顔を思はせる、卑しげな女」である。第二節で、綾小路を東へ歩む猪熊の婆は、乞食小屋の前にいる17、8の若侍次郎に出会うが、出会う前に婆の述懐が記される。都も昔の都でなければ、自分も昔の自分ではない。

> 始めて娘と今の夫との関係を知つた時、自分は、泣いて騒いだ覚えがある。(中略)娘の今してゐる事と、自分が昔した事とは、存外似よつた所がある。あの太郎と次郎とにしても、やはり今の夫の若かつた頃と、やる事に大した変りはない。かうして人間は、何時までも同じ事を繰返して行くのであらう。

太郎が、実の娘の沙金と夫の猪熊の爺との関係を黙って見る実の母の、猪熊の婆もまた、畜生より、無残なやつというように、この老婆はまさに人間のかたちをした猿であり、畜生の名にふさわしい人物なのである。ところが、猪熊の婆の独白のなかにみえる、「都も昔の都でなければ、自分も昔の自分ではない」という表現は、太郎に焦点化された語りにおいて、「彼の弟も、今は昔の彼等ではない」という形で繰り返され、さらに今度は猪熊の爺の「お婆は、もう昔のお婆ではない。わしも、昔のわしでなかつたのぢや」という表白に受け継がれる。

一方、前述したように、両親も知らず世の辛酸を舐め、沙金に助けられて盗人の群に入ったという阿濃は、羅生門の楼上で、次郎の種と信ずる胎児に、次郎の好む唄を唄って聞かせながらうつくしく、傷しい夢を見る。いわゆる阿濃は盗賊団に身を置いている白痴に近い女である。沙金を始め盗賊団の男達のよいなぶり者になっているが、無知なるがゆえに、純粋な彼女は一途に次郎に想いを寄せている。猪熊の爺のいたずらの結果としての子供を身ごもっているが、それも次郎の子と思い込んでいる。

月のまだ上らない闇の中に、沙金を頭目とする盗賊団が集まっている。太郎がいる。次郎がいる。猪熊の婆も爺も集まっている。そして、それらの群盗から少し離れて阿濃がいる。やがて、阿濃だけがひとり羅生門の楼上にのぼっていく。そして、太郎と次郎が繰り広げるはずの惨劇は、その下人と同じ場所である。つまり、阿濃がのぼっていく羅生門の楼上は、今ではその惨劇を見る場所に変わっているのである。

> 阿濃は、かうして、次第に明くなつて行く京の町を、目の下に見下しながら、胎児の動くのを感じる毎に、独りうれしさうに、ほゝ笑んでゐるのである。

阿濃は、京の町を見おろしながら、ひとり微笑している。彼女の胎内に宿っている子は、次郎の子ではない。だが、阿濃にとっては、そのような認識は何の意味も持たない。胎児の父を次郎だと信じる阿濃の心には、ただ母になるという喜びだけが、そうしてまた自分も母になれるという喜びだけが満ち溢れているのである。

分別くさい認識にとらわれることなく、母として純粋に生きようとする阿濃は、第七節に至って、現ながらの夢を見る。

—阿濃は、この時、唄をうたひながら、遠い所を見るやうな眼をして、蚊に刺されるのも知らずに、現ながら夢を見た。人間の苦しみを忘れた、しかも又人間の苦しみに色づけられた、美しく、いたましい夢である。(涙を知らないもの丶見る事が出来る夢ではない。)そこでは、一切の悪が、眼底を払つて、消えてしまふ。

無論、ここでも大きな人間の悲しみだけは、やはりさびしく厳かに残っている。策謀と疑惑、血に飢えた声と白刃のうずまく惨劇の時間は果てもなく続く。

しかし、阿濃だけは、安らかな微笑を浮べながら、羅生門の楼上に佇んで、遠くの月の出を眺めている。阿濃はいま母としての感情に、放恣なまでに身をゆだねている。

するとヌ一しきり、腹の児が、身動きをする。彼女は急に耳をすますやうにして、その身動きに気をつけた。彼女の心が、人間の苦しみをのがれようとして、もがくやうに、腹の児は又、人間の苦しみを嘗めに来ようとして、もがいてゐる。が、阿濃は、そんな事は考へない。唯、母になると云ふ喜びだけが、さうして、又、自分も母になれると云ふ喜びだけが、この淩霄花のにほひのやうに、さつきから彼女の心を一ぱいにしてゐるからである。

前述したように、阿濃は胎児の父を次郎だと信じている。のちの猪熊の告白で、この阿濃の信は破られにもかかわらず、自分の恋している次郎の子が、自分の腹にやどるのは、当然なことだと信じている、いわば惑うことを知らぬ無償の愛は美しい。つまり、阿濃は、やはり汚辱のなかに置かれているが、その汚辱に耐えることができず、妄想のなかに生を富んでいる。汚辱に耐え、その真っ只中を生きようとする沙金とは正反対に、阿濃は妄想のなかへと逃避する。この逃避は、阿濃に美の属性を与えるが、しかし、美しいという評価のなかに阿濃を閉じ込めるとき、そこにはなんと無責任な視線が注がれていることか。「惑うことを知らぬ無償の愛は美しい[3)]」と三好行雄は述べているが、猪熊の爺に強姦され、そのときに孕んでしまった子を次郎の子だと考え、母性そのもののように穏やかに月の光を眺める阿濃は、画面として眺めれば、無垢の母かもしれない。

彼女の心が、人間の苦しみをのがれようとして、もがくやうに、腹の児は又、人間の苦しみを嘗めに来ようとして、もがいてゐる。が、阿濃は、そんな事は考へない。

このように、現実の痛苦が何一つ消滅するわけではない。つまり、砂金一味はある夜藤判官の家敷を襲うが手ごわい反撃にあい、猪熊の婆に爺は深手を負う。沙金をめぐる太郎と次郎の愛憎が強調され、他方、義父にあたる猪熊の爺と沙金の爛れた関係は、猪熊の婆の嫉妬のはての絶望—「かうして人間は、何時までの同じ事を繰返して行くの

3) 三好行雄、「下人のゆくえ」(「日本文学」昭48・7、『芥川竜之介』筑摩書房昭51・9)

であらう」という重い感慨を沈めている。

このようにして、沙金達が死に、太郎と次郎とが逃亡した後、十年余り、彼女は尼になって子供を養育している婆で登場しているが、偸盗たちは、極限状況の中で、それぞれにかけがえのない者の名を呼ぶ。猪熊の婆は「お爺さん」となつかしそうに呼びかける。太郎は弟の名を叫び、次郎は「兄さん」と答える。そして、次には、猪熊の爺が「この子は、わしの子ぢや」と呼びかけることになる。相手をかけがえのない者として呼びかけることで、相手との強い絆に支えられて、自身の存在が確認される。それは我執から救済への一つの可能性として、太郎と次郎は、限りない夜の中で「直下」に呼ぶものによって救われ、猪熊の爺は、暗い夜の向うに光る不滅な、黎明によって真人間に転生している。

しかし、作品はそこで終わってはいない。阿濃が語る、沙金殺害の件が付加されているのである。

> その夜、阿濃は、夜更けて、ふと眼をさますと、太郎次郎と云ふ兄弟のものと、沙金とが、何か声高に争つてゐる。どうしたのかと思つてゐる中に、次郎が、いきなり太刀をぬいて、沙金を斬つた。

太郎次郎の罵声と沙金の苦痛の叫びが交錯するうち、やがて女の息がとまると、兄弟は、急に抱きあって、長い間黙って、泣いていたと阿濃はいう。それを浅野洋は、「いささか唐突にすぎる兄弟の感傷的な和解と、同じ二人による沙金殺害の風聞とが、半ば辻褄合わせのようにあわただしく素描されるにすぎない[4]」と述べているが、阿濃の証言に続けて、芥川は、舟後の守何某の随身に太郎と次郎らしい人物がい

4) 浅野洋、「『偸盗』論の前提」(海老井英次・宮坂覚共編、『作品論芥川竜之介』)、双文社、平2・12

たという風聞を点描して、作品を閉じているのである。

が、阿濃だけは尼になって、子供を養育するという姿で、この『偸盗』の世界からの連続性を生きているわけである。

> が、一方から見れば又、すべてが変わつたやうで、変わつてゐない。娘の今してゐる事と、自分が昔した事とは、存外似よつた所がある。あの太郎と次郎とにしても、やはり今の夫の若かつた頃と、やる事に大した変りはない。かうして人間は、何時までも同じ事を繰返して行くのであらう。さう思へば、都も昔の都なら、自分も昔の自分である。……

このように、「人間は、何時までの同じ事を繰返して行く」という、婆のさびしい心もちの中で、生は、その空虚をあらわに示してくる。荒廃した現状が、生の恒常的な姿であり、何らかの恢復とか、進歩とかは考えられていない。時間の経過とともに、自分の生から娘の生へ、夫の生から太郎次郎の生へと、荒廃した生が、次々と続いて流れていくだけであろう。

いわば、非人間的な世界にかわって人間的な世界が形をあらわし、この人間回復・人間発見の物語はおわる、かにみえる。しかし、重く暗く醜い生の営為は常につづくだろうというのが私の考えなのである。例えば、猪熊の姿の思念の行きつくところは、「一方から見れば又、すべてが変つたやうで、変つてゐない。(中略)かうして人間は、何時までの同じ事を繰返して行くのであらう。さう思へば、都も昔の都なら、自分も昔の自分である」という、『羅生門』よりもさらに「さびしい」結論である。

以上の考察した結果をまとめてみると、砂金一味はある夜藤判官の家敷を襲うが手ごわい反撃にあい、猪熊の婆に爺は深手を負う。沙金をめぐる太郎と次郎の愛憎が強調され、他方、義父にあたる猪熊の爺と沙金の爛れた関係は、猪熊の婆の嫉妬のはての絶望―「かうして人間は、何時までの同じ事を繰返して行くのであらう」という重い感慨を沈めている。我執の認識から、それを克服する救済の原理の確認ということろにとどまらず、また人生はくり返されていく。また、「人間は、何時までの同じ事を繰返して行く」という、婆のさびしい心もちの中で、生は、その空虚をあらわに示してくる。荒廃した現状が、生の恒常的な姿であり、何らかの恢夏とか、進歩とかは考えられていない。時間の経過とともに、自分の生から娘の生へ、夫の生から太郎次郎の生へと、荒廃した生が、次々と続いて流れていくだけであろう。このように、非人間的な世界にかわって人間的な世界が形をあらわし、この人間回復・人間発見の物語はおわる、かにみえる。しかし、重く暗く醜い生の営為は常につづくだろうというのが私の考えなのである。

c.『蜘蛛の糸』に表れた「くり返される塵労」の様態

『蜘蛛の糸』一篇が童話第一作であるという事情もあってか、原話の孕む宗教的モチーフ、さらには作品の起伏をなすべき人間性のドラマを切り捨て、我執の故に転落するという懲悪の教訓的モチーフのみを軸として読むことが多かったと思われる。こうしてむしろ童話的文体への最初の試み、その表現の彫琢こそが主要なモチーフとなったが故に、その美的感触とはうらはらに、ある倫理的な違和感の残るものとなったことはいままでの一般的な読みであった。

原作では最後に宗教的教訓が述べられており、エゴイズム批判というテーマは動かしようがないが、芥川の作品ではこの教訓の部分がけずってある。これは抽象的な教訓は文学作品にとっては異物のようになるので、削除したとも考えられるが、同時にこれによって、宗教的・道徳的解釈以外の他の解釈も可能になるのである。

では、この作品における真の主題とは何であろうかについて考えてみる。『蜘蛛の糸』は三章から成っている。「一」と「三」が釈迦を中心とする極楽の世界であり、間にはさまれた「二」が犍陀多を中心とする地獄の世界である。

物語の時間は朝から昼近くまでの5、6時間ということになろうが、その時間内で「明—暗—明」の舞台が回る。特に『蜘蛛の糸』の構成の基本、その時空感覚は意識的二項対立の手法を取り入れることによって奥行きを増す。真っ白な蓮の花が咲き、その何ともいえないよい匂が絶間なくあたりへ溢れている極楽、一方、「血の池」と「針の山」で代表される地獄がある。明るい極楽と暗い地獄の形容には翡翠のような色をした蓮の葉、玉のような白蓮(以上極楽)、墓の中のように(地獄)といった比喩を用いて説明されている。テクストの二項対立は登場人物にも及ぶ。釈迦の慈悲、犍陀多の無慈悲である。『蜘蛛の糸』は、こうした二項対立の手法を生かしながら展開する。作品の世界は立体的になり、最上層に極楽があり最下層に地獄があって中間に細い糸がこの両者をつないでいる。

語り手はまず、物語を明るい極楽の蓮池の描写から始める。犍陀多の話は極楽の朝から昼までの穏やかな半日の間に、蓮池の底で起ったごく些細な、夢のような出来事にすぎない。池の中に咲く蓮の花はみんな玉のようにまっ白で、そのまん中にある金色の蕊からは何ともいえない好い匂が絶間なくあたりへ溢れている。蓮池の下には水晶のような水を透き徹して、三途の河や針の山の景色が丁度覗き眼鏡を見るようにはっきりと見える。また蜘蛛は翡翠のような色をした蓮の葉の上に、美しい銀色の糸をかけている。犍陀多の罪の自覚も善行の記憶も問われることはなかったのである。あくまでも覗き眼鏡で透き徹して極楽から地獄を釈迦が見るだけであり、犍陀多の内面からしても極楽・地獄は別世界のものとして遠く隔てられている。

芥川の犍陀多は、驚いたのと恐しいのとで、しばらくはただ、莫迦のように大きな口を開いたまま、眼ばかり動かしていたの如く、もともと信仰・信心など存在しない、いわば徹頭徹尾俗人である。

> 所が或時の事でございます。何気なく犍陀多が頭を挙げて、血の池の空を眺めますと、そのひつそりとした暗の中を、遠い遠い天上から、銀色の蜘蛛の糸が、まるで人目にかかるのを恐れるやうに、一すぢ細く光りながら、するすると自分の上へ垂れて参るのではございませんか。

このように、語り手の視線が、釈迦のそれと同化し始める。釈迦は蠢き苦しんでいる犍陀多を見ながら蜘蛛を助けたことがあるのを思い出し、地獄から救い出してやろうと考え、蜘蛛の糸を玉のような白蓮の間から、はるか下にある地獄の底へ、まっすぐにそれを下ろすのである。

未曾有に隔絶された極楽と地獄はまっすぐに下ろされた蜘蛛の糸によって、連絡ができることとなった。

> 幸、側を見ますと、翡翠のやうな色をした蓮の葉の上に、極楽の蜘蛛が一匹、美しい銀色の糸をかけて居ります。御釈迦様はその蜘蛛の糸をそつと御手に御取りになつて、玉のやうな白蓮の間から、遥か下にある地獄の底へ、まつすぐにそれを御下ろしなさいました。

このように、翡翠のような色、玉のような白蓮とともに、童話的というよりもそれこそこの世ならぬ極楽の世界を印象せしめるものがある。

では、犍陀多はどうか。犍陀多には地獄から出たい、肉体的責苦を免れたいという欲求があるのみで、そのような語りの生成力の前には釈迦はたかだか犍陀多を救けるべく蜘蛛の糸を垂らすにすぎない。そして、それも決して犍陀多の運命を操ることはできない。いうまでもなく、釈迦は全能ではありえない。

> この分でのぼつて行けば、地獄からぬけ出すのも、存外わけもないかも知れません。犍陀多は両手を蜘蛛の糸にからみながら、ここへ来てから何年にも出した事のない声で、「しめた。しめた。」と笑ひました。所がふと気がつきますと、蜘蛛の糸の下の方には、数限りもない罪人たちが、自分ののぼつた後をつけて、まるで蟻の行列のやうに、やはり上へ上へと一心によぢのぼつて来るではございませんか。

犍陀多は思いのほかに脱出できるかもしれないと意志の限り、懸命に登って来たのだが、それもふと偶然に気がつくと、無際限な追随者があとに従っていたのである。

そこで犍陀多は大きな声を出して、「こら、罪人ども。この蜘蛛の糸は己のものだぞ。お前たちは一体誰に尋いて、のぼつて来た。下りろ。下りろ。」と喚きました。

そして、犍陀多の掴んだ糸は彼が下の罪人たちに向かって喚いた瞬間、ぷつりと音を立てて切れる。この犍陀多の、他の罪人たちを阻止しようとした必死の音声が彼の最後の意志的行動である。

犍陀多の行為をみると他人を押し退けないでは生きられない悲しい人間の生である。それは意識する、しないにかかわらず、人間誰しもが持つもので、生まれながら負っている罪ともいえるものである。犍陀多の無慈悲な心は人間誰もが持つものであり、ここに原罪を読む読者がいるかも知れない。犍陀多の行為は一登場人物の行為として終わらず、より普遍化されて人間全体の問題となり得ている。

細い糸に何百何千という人間が一列に蟻の行列のように、一心にせっせと昇ってくる光景は現実の苦から逃れよう、必死に生きようとする裸形の人間の姿を想わせる。地獄と極楽との間の一本のか細い糸そのものが現実の人生行路を象徴しているようである。しかし、『蜘蛛の糸』の犍陀多の行為は決して特殊なものではない。むろん犍陀多はその生前に人を殺したり家に火をつけたり、いろいろ悪事を働いた大泥棒であった。が、地獄から極楽へ抜け出そうと蜘蛛の糸を手繰り始める段になると、ごく普通の人物になってしまうのである。

いわば、「二」の章を読む読者には人殺し犍陀多という印象はもはやない。代って地獄から抜け出ようと必死になって蜘蛛の糸をたぐる、ごく普通の哀れな人間が見えてくるのである。このように、犍陀多は現実の苦しい状況から何とか逃れようと、必死に努力する以外はなかった。そのためには他を押し退けることでもなんでもやる男であった。だから、己れの力にそれなり信を置いている犍陀多にとっては肝腎な自分が全てであった。

犍陀多はあの細い蜘蛛の糸が切れた理由も自分の後から這い上がって来た人々の重みに耐えられなかったせいだと思い、口惜しがっているに違いない。そして、再び来るチャンスをまた探しているはずである。物語はやがて釈迦がその池のふちに佇みになって、水の面を蔽っている蓮の葉の間から、ふと下の容子を御覧になった、というように展開してゆく。

> 御釈迦様は極楽の蓮池のふちに立つて、この一部始終をぢつと見ていらつしやいましたが、やがて犍陀多が血の池の底へ石のやうに沈んでしまひますと、悲しさうな御顔をなさりながら、又ぶらぶら御歩きになり始めました。自分ばかり地獄からぬけ出さうとする、犍陀多の無慈悲な心が、さうしてその心相当な罰をうけて、元の地獄へ落ちてしまつたのが、御釈迦様の御目から見ると、浅間しく思召されたのでございませう。

これはエゴイズムに対する、というよりはある意味では人間の暗い宿命に対する重大な疑惑と辛辣な批判と示すものである。月も星もない空の中途に、短く垂れている極楽の蜘蛛の糸を見つめるのは一人犍陀多ばかりではない。人間誰もが見つめるものなのである。それだけに一筋の糸の印象は鮮烈なものとしてとどまるのである。

人間は本来人間のものである慈悲心に徹することのできない中途半端さを持っているのだと考えて、芥川は釈迦と一緒に嘆息するのである。無論これは犍陀多一人の問題でなく、またこれを描いた芥川一個人の問題でなく、弱められ歪んでいた人間主義を生きていた当時の人々すべてにとって、反省と思索とを要請している問題だったのだと思う。そのため、この一篇の主想が救われがたい我執に苦しむ人間の悲しさへの愛しみであろう。

作品は次の文章で結ばれる。

> しかし極楽の蓮池の蓮は、少しもそんな事には頓着致しません。その玉のやうな白い花は、御釈迦様の御足のまはりに、ゆらゆら萼を動かして、そのまん中にある金色の蕊からは、何とも云へない好い匂が、絶間なくあたりへ溢れて居ります。極楽ももう午に近くなつたのでございませう。

悲しそうな顔を読者に見せたまま釈迦を退場させ、代わりに極楽の蓮池の蓮は少しもそんなことには頓着せず、玉のような白い花は釈迦の足のまわりにゆらゆらうてなを動かしている。そのまん中にある金色の蕊からは何ともいえないよい匂が絶間なくあたりへ溢れている極楽の風景に溶解させ閉じる。ただ時だけが朝から午に移ったのであり、それによって犍陀多の悲劇が極楽の日常性に組み込まれてしまったことがわかるだけである。

このように、作品の主題は人間の救済についてであろう。どんな悪人にも一片の慈悲心はある。それが救済の契機となりうる。しかし、それを妨げるのは人間の利己心である、という趣旨は明確である。年少の読者に対しては、ここまででよいが、釈迦が済度しがたいエゴイズムを浅ましく思って悲しげな顔をする点に問題がある。そのまん中にある金色の蕊からは何ともいえないよい匂が、絶間なくあたりへ溢れている。極楽ももう午に近くなったのというふうに描かれているが、しかしこのあとにも犍陀多の、果てしない人生の営みと苦しみはつづくだろうというところに作品の真の主題があるのではないか。

いわば、人間というものはそこに住すれば救いと光明とに連り得る素質を持ちながら、その素質に徹し得ない弱さをも同時に与えられている、そういう人間であるが故に、人間は始終光明と苦悩との間を往ったり来たりして、惨めな苦悩にも喘がねばならない、そんな犍陀多の相がそこに描かれているのである。そのため、この作品における犍陀多の人生も相変わらず繰り返される塵労であるに違いない。

以上の考察した結果をまとめてみると、細い糸に何百何千という人間が一列に蟻の行列のように、一心にせっせと昇ってくる光景は現実の苦から逃れよう、必死に生きようとする裸形の人間の姿を想わせる。これはエゴイズムに対する、というよりはある意味では人間の暗い宿命に対する重大な疑惑と辛辣な批判と示すものである。月も星もない空の中途に、短く垂れている極楽の蜘蛛の糸を見つめるのは一人犍陀多ばかりではない。人間誰もが見つめるものなのである。それだけに一筋の糸の印象は鮮烈なものとしてとどまるのである。つまり、代って地獄から抜け出ようと必死になって蜘蛛の糸をたぐる、ごく普通の哀れな人間が見えてくるのである。犍陀多は現実の苦しい状況から何とか逃れようと、必死に努力する以外はなかった。そのためには他を押し退けることでもなんでもやる男であった。しかし、『蜘蛛の糸』の犍陀多の行為は決して特殊なものではない。むろん犍陀多はその生前に人を殺したり家に火をつけたり、いろいろ悪事を働いた大泥棒であった。が、地獄から極楽へ抜け出そうと蜘蛛の糸を手繰り始める段になると、ごく普通の人物になってしまうのである。無論これは犍陀多一人の問題でなく、またこれを描いた芥川一個人の問題でなく、弱められ歪んでいた人間主義を生きていた当時の人々すべてにとって、反省と思索とを要請している問題だったのだと思う。そのため、この一篇の主想が救われがたい我執に苦しむ人間の悲しさへの愛しみである。

このあとにも犍陀多の、果てしない人生の営みと苦しみはつづくだろうというところに作品の主題があるのではないか。人間というものはそこに住すれば救いと光明とに連り得る素質を持ちながら、その素質に徹し得ない弱さをも同時に与えられている、そういう人間であるが故に、人間は始終光明と苦悩との間を往ったり来たりして、惨めな苦悩にも喘がねばならない、そんな犍陀多の相がそこに描かれているのである。だから、この作品における犍陀多の人生も相変わらず繰り返される塵労であるに違いない。

d.『蜜柑』に表れた「くり返される塵労」の様態

奉公先へ赴こうとしている一人の小娘が、貧しい町はずれの踏切りまで見送りに出てくれた弟たちに、汽車の窓から蜜柑を投げ与える心暖まる風景をスケッチした小品が『蜜柑』である。

ある曇った冬の日暮れ、「私」の乗った二等車に、三等の赤切符を持った田舎者らしい小娘が乗りこんできた。「私」の拾い読む夕刊には平凡な出来事ばかりで、「私」の暗欝をいっそうつのらせた。

> 私の頭の中には云ひやうのない疲労と倦怠とが、まるで雪曇りの空のやうなどんよりした影を落してゐた。私は外套のポツケツトへぢつと両手をつつこんだ侭、そこにはいつてゐる夕刊を出して見ようと云ふ元気さへ起らなかつた。

「私」は作者自身と思われる、人生に倦怠を覚えている男性である。彼にとって、もはや人生は倦怠と疲労とをもたらすものにほかならない。つまり、そのプラットフォームを後に、やがて汽車は動き始めるが、その時、けたたましい日和下駄の音とともに一人の小娘が乗り込んでくる。

> それは油気のない髪をひつつめの銀杏返しに結つて、横なでの痕のある皸だらけの両頰を気持の悪い程赤く火照らせた、如何にも田舎者らしい娘だつた。しかも垢じみた萌黄色の毛糸の襟巻がだらりと垂れ下つた膝の上には、大きな風呂敷包みがあつた。その又包みを抱いた霜焼けの手の中には、三等の赤切符が大事さうにしつかり握られてゐた。私はこの小娘の下品な顔だちを好まなかつた。それから彼女の服装が不潔なのもやはり不快だつた。最後にその二等と三等との区別さ

へも弁へない愚鈍な心が腹立たしかつた。

それを無視しようと、それまでは読む気にもなれなかった夕刊を広げるが、しかし、そこにもあまりに平凡な出来事ばかりが索漠とした記事になっているのみであり、「私」の心は沈んでいく。風景は「私」の孤独な心情に束の間の慰籍さえあたえない。彼はこのとき、みずからの内なる虚無を見ている。

このように、言いようのない疲労と倦怠と懐かしい古東洋の秋の夢という表現に明らかなとおり、塵労にみちた現実に対比された、自由な夢への志向は、特に大正8年以降、芥川文学の基本図式となる。

田舎者の小娘が向う側から席を「私」の隣へ移したという事実、娘との距離が娘によって埋められ、嫌悪の対象が嫌悪感の内部に踏みこんできたという事実であった。まもなく、その小娘が「私」の近くに席を移して、トンネルが多いにもかかわらず車窓を開けようとする。一所懸命に重い窓を開けようとしているその姿に幾分ながら同情したものの、その気まぐれな行為の動機が理解出来ず、「私」は腹の底に依然として険しい感情を蓄えながらそれを冷酷な眼で眺める傍観者の姿勢を守り続けていた。

しかし、丁度汽車がトンネルへ入るのと同時に、その車窓が開いたために、次のような状況に処せられた。

さうしてその四角な穴の中から、煤を溶したやうなどす黒い空気が、俄に息苦しい煙になつて、濛々と車内へ漲り出した。元来咽喉を害してゐた私は、手巾を顔に当てる暇さへなく、この煙を満面に浴びせられたおかげで、殆息もつけない程咳きこまなければならなかつた。

小娘と対立的な「私」のありさまが、傍観者としての静的なものから、当事者としての動的な明確なものへと変化しようとしていたわけである。繊細な神経を持っている都会人の「私」には、これは耐えがたい不快さである。

このように、『蜜柑』の部分が、薄暗いトンネル内の述懐であることにも、作者の計量がうかがわれるが、その頂点がトンネル内で小娘が窓の戸を降ろそうとする場面である。つまり、どす黒い空気が人生の象徴であるとすれば、「私」は生きることができない。「この隧道の中の汽車と、この田舎者の小娘と、そうして又この平凡な記事に埋つてゐる夕刊」と、—これが象徴でなくて何であらう。「私」の不愉快は絶頂に達する。とたんに汽車はトンネルをぬけ出て、あたりが急に明るくなる。

娘の投げた蜜柑は町はずれの陰惨たる風物のなかに、あざやかな一枚の絵を現前した。

> 暮色を帯びた町はづれの踏切りと、小鳥のやうに声を挙げた三人の子供たちと、さうしてその上に乱落する鮮な蜜柑の色と—すべては汽車の窓の外に、瞬く暇もなく通り過ぎた。が、私の心の上には、切ない程はつきりと、この光景が焼きつけられた。さうしてそこから、或得体の知れない朗な心もちが湧き上つて来るのを意識した。私は昂然と頭を挙げて、まるで別人を見るやうにあの小娘を注視した。

しかし、窓外は相変わらず索漠とした冬景色である。『蜜柑』は小品ながら、芥川の気持が自然なかたちで流れ出ている作品といえる。芥川にとって疲労や倦怠、退屈は、日常的生活の基調をなす心情であった。そして、そのゆえに彼は「人工の翼」を求めて、それによって退屈な実生活から限りない大空へ飛翔することを試みる。

窓から半身を乗り出してゐた例の娘が、あの霜焼けの手をつとのばして、勢よく左右に振つたと思ふと、忽ち心を躍らすばかり暖な日の色に染まつてゐる蜜柑が凡そ五つ六つ、汽車を見送つた子供たちの上へばらばらと空から降つて来た。私は思はず息を呑んだ。さうして刹那に一切を了解した。小娘は、恐らくはこれから奉公先へ赴かうとしてゐる小娘は、その懐に蔵してゐた幾顆の蜜柑を窓から投げて、わざわざ踏切りまで見送りに来た弟たちの労に報いたのである。

暗い人間・人生認識から出発して、暖かな日の色に染っている蜜柑の発見に至った芥川である。それは母の愛にかわって、これは姉の愛、兄弟の愛である。

いわば、その子供達に小娘の手から投げ与えられた蜜柑が、日を受けて乱落する情景に接して彼は人生の塵労をわずかに忘れることができた。粗野な小娘の野生の中の純情が、いくつかの蜜柑に象徴されて、蕭索たる、また陰惨たる風景の中に乱落する風景は美しい。見送りにきてくれた弟たちの労に報いるために、小娘が車窓から投げ与えた蜜柑の輝きは、「私」の前に次のような展開をもたらしている。

さうしてそこから、或得体の知れない朗な心もちが湧き上つて来るのを意識した。私は昂然と頭を挙げて、まるで別人を見るやうにあの小娘を注視した。

このように、小娘の行為はみずからの意志とは無関係に暗欝な風景のカンバスに日の色に染まった暖色を添えた。すなわち、この蜜柑の色が輝いた一瞬こそ、まさに刹那の感動そのものにほかならないわけだが、暗い人間・人生認識から出発して、暖かな日の色に染っている蜜柑の発見に至った。

重要なのは、「心を躍らすばかり暖な日の色に染まつてゐる蜜柑」だけではない。それは「私」の心象の目がとらえた構図のなかでのみ、あざやかな意味が附与される。もちろん、蜜柑の色があざやかだったのは、貧しい弟たちになけなしの小遣いをはたいて、せめてもの幸福を与えようとした娘の優しさゆえであり、その優しさが「私」にも束の間の幸福を与えた―蜜柑は確実に、「私」の上にもばらばらと空から降ってきた、だからこそ、瞬時に消えた絵が美しかったのだといったふうな、教材にふさわしい読みがまったく不可能なわけではない。

だから、「私はこの時始めて、云ふやうのない疲労と倦怠とを、さうして又不可解な、下等な、退屈な人生を僅に忘れる事が出来たのである」―作者はこう結んでいる。乱落する蜜柑の暖色に「刹那の感動」がみられるのは確かであるが、しかし、それとともに、菊地弘[1]や平岡敏夫[2]の述べたように、「刹那の感動」ではもはや代換しえない人生の倦怠の、暗く重い広がりを正しくみるべきであろう。すなわち、「僅かに」の一語の挿入に、この時点での芥川の意識内容が露呈しているのではないだろうか。つまり、それは蜜柑の明るい輝きが、この小娘の一生を貫く想い出になることはもはやないのであり、トンネルの多い鉄路に似て、明暗交々の生活がはてしなくくり返されるだけである。刹那の感動もすでに人生の一刻を彩るだけである。

このように、「私」に疲労と倦怠などを忘れさせてくれたのは「僅に」のことであり、一時は「私」の眼に「別人」のように映じた小娘も、相変わらずであろう。

小娘は何時かもう私の前の席に返つて、不相変皸だらけの頬を萌黄

---

1) 菊地弘、『芥川竜之介ー意識と方法』、笠間書院、昭54・5
2)「日暮れからはじまる物語—芥川試論・『蜜柑』と『杜子春』その他—」「香川大学国文研究」1、昭51・9

色の毛糸の襟巻に埋めながら、大きな風呂敷包みを抱へた手に、しつかりと三等切符を握つてゐる。…………

東京に出てからの彼女自身如く、明暗交々の悲喜劇であることが予想されよう。「私」と小娘とを乗せた汽車が、トンネルの多い鉄路を走り続けているのは、その意味できわめて象徴的であるといえよう。すなわち、「私」はいずれは繰り返しの多い日常的現実、「不可解な、下等な、退屈な人生」の中へ帰っていくのであり、小娘もトンネルの多い鉄路さながらに、明暗交々現実に、すなわち幸福な日の後には暗い現実に沈み込む生活に、そしてやがてそれが日常化して退屈な人生に帰着していくことになる。そういう行路しかないことが十分に示唆されていよう。つまり、刹那の感動はあくまでも文字どおり一瞬の感動であり、小娘の人生を永遠の相へ止揚しないままである。

明るい蜜柑の肌の色だった。粗野な小娘の野生の中の純情が、いくつかの蜜柑に象徴されて、蕭索たる、また陰惨たる風景の中に乱落する風景は美しい。だけど、その次にくる日常現実、つまり娘はあいかわらず、ひびだらけの赤い頬をして、手に三等切符を握りしめている、みすぼらしい田舎者にすぎないのである。彼女が蜜柑を投げ与えた心情を忖度することも、無用だろう。感動は娘の心情によってではなく、風景を切りとった「私」の眼によってもたらされた。平凡で、暗愚で不可解な人生が時として、荘厳ななにものかをかいま見せることがあるということも真実であるし、しかしながらも、またくり返される人生の退屈さも再びひろげていくのであろう。

すなわち、『蜜柑』の「私」の「疲労と倦怠」とは、一般的な人生に対するそれに限られているものではなく、当時作者自身が陥っていた、次のような作家としての苦衷を反映したものであったとみられる。

芸術の境に停滞と云ふ事はない。進歩しなければ必退歩するのだ。芸術家が退歩する時、常に一種の自動作用が始まる。と云ふ意味は、同じやうな作品ばかり書く事だ。自動作用が始まつたら、それは芸術家としての死に瀕したものと思はなければならぬ。僕自身「竜」を書いた時は、明にこの種の死に瀕してゐた。(『芸術その他』)

ここでいう『竜』(「中央公論」大8.5)を書いていた時とは、まさにこの『私の出遇つた事』の執筆時でもあり、その時芥川は芸術家として「死に瀕し」ていたと告白しているのである。したがって、『蜜柑』の「疲労と倦怠」も当然それと密接に関連しているものであり、先に何度か確認した基調も、もちろんそこで増幅されたものに違いない。「蜜柑の色」が一瞬の感動を生み出すだけでにわかに褪色してしまうのも、そうした作者の精神構造との係わりにおいて納得されよう。そうしたはかない輝きにさえ心を止めなければならないほど、現実にはやりきれない生活を続けていることであろう。

以上の考察した結果をまとめてみると、小娘は、曇った冬の夕暮れ、しかも汽車がまさにトンネルにさしかかろうとする時、窓を開ける。「私」の不快は頂点に達するが、その刹那、「私」は汽車の窓外の町はずれの踏切で喊声をあげている頬の赤い三人の男の子達と、その上に乱落する鮮かに暖かい蜜柑の色とを見た。そして、この一瞬の光景から「私」は「或得体の知れない朗な心もち」を得る。その子供達に小娘の手から投げ与えられた蜜柑が、日を受けて乱落する情景に接して彼は人生の塵労をわずかに忘れることができた。粗野な小娘の野生の中の純情が、いくつかの蜜柑に象徴されて、蕭索たる、また陰惨たる風景の中に乱落する風景は美しい。しかし「私はこの時始めて、云ふやうのない疲労と倦怠とを、さうして又不可解な、下等な、退屈な人生を僅に忘れる事が出来たのである」―作者はこう結んでいる。

それは蜜柑の明るい輝きが、この小娘の一生を貫く想い出になることはもはやないのであり、トンネルの多い鉄路に似て、明暗交々の生活がはてしなくくり返されるだけである。「私」はいずれは繰返しの多い日常的現実、「不可解な、下等な、退屈な人生」の中へ帰っていくのである。小娘もトンネルの多い鉄路さながらに、明暗交々現実に、すなわち幸福な日の後には暗い現実に沈み込む生活に、そしてやがてそれが日常化して退屈な人生に帰着していくことになる。平凡で、暗愚で不可解な人生が時として、荘厳ななにものかをかいま見せることがあるということも真実であるし、しかしながらもまたくり返される人生の退屈さも再びひろげていくのであろう。

e.『秋』に表れた「くり返される塵労」の様態

『秋』が、発表当時におおきな反響をよんだのも、芥川が創作方法に180度の転回をしめしたからである。歴史小説から写実的現代小説への転換をめざした作品だが、その作風は心理小説に近く、リアリズムよりも人間心理と季節的情感の結合が醸しだす抒情性こそ、芥川の真に意図したものだった。

『秋』は作品のスケールからいえばたしかに小ぶりな完成品にすぎないが、一方では長篇『路上』(「大阪毎日新聞」大8・6・30~8・8)の失敗と「自動作用」の危機を乗り越えるために、作家芥川が並々ならぬ決意をもって挑んだ作でもあった。

『秋』における「一」~「四」から成る構成は、きわめて緊密で揺るぎない。漢詩の構成法でいうところの起承転結の結構といってよい。

芥川は主人公信子を借りて、自らの心象を投影させているのである。信子は女子大学にいた時から、才媛の名声を担っていた。彼女が早晩作家として文壇に打って出ることは、誰も疑わなかったほどである。信子には俊吉という作家志望の従兄がおり、展覧会や音楽会に行くことも稀ではなく、誰もが二人の結婚を予想するほどであった。しかし、信子は同窓生たちの想像する才女の未来のイメージを裏切る。信子像はのちに芥川が『西方の人』(「改造」昭2・8)でマリアを例にとって語った「世間智と愚と美徳」をもつ平凡な女性として設定されている。彼女ははじめから平凡な現実、―「炉辺の幸福」を守ろうとする女性として描かれていくのである。

> 信子と従兄との間がらは、勿論誰の眼に見ても、来るべき彼等の結婚を予想させるのに十分であつた。同窓たちは彼女の未来をてんでに

> 羨んだり妬んだりした。殊に俊吉を知らないものは、(滑稽と云ふより外はないが、)一層これが甚しかつた。信子も亦一方では彼等の推測を打ち消しながら、他方ではその確な事をそれとなく故意に仄かせたりした。従つて同窓たちの頭の中には、彼等が学校を出るまでの間に、何時か彼女と俊吉との姿が、恰も新婦新郎の写真の如く、一しよにはつきり焼きつけられてゐた。

このように、俊吉を知らないものまでが彼等の結婚を予想し、それをいっそう甚しく羨んだり妬んだりする。あるいはまだ結婚していないにもかかわらず「同窓たちの頭の中には(中略)彼女と俊吉との姿が、恰も新婦新郎の写真の如く、一しよにはつきり焼きつけられ」るには、明らかに何らかのコード化された理想的イメージが二人に関係なく先行していなければならない。信子は当世流行のトルストイズムに敬意をはらう万事真面目な女性として描かれており、故意に仄めかす彼女の行為は、はっきり、彼女の側には、俊吉への愛があったことを示唆している。

妹・照子を加えて三人が展覧会や音楽会へ行く、その往き返りに、俊吉との話に夢中になって照子を話の圏外へ置きざりにしたり、それに気づいて照子を誘い込みながら、また照子を忘れる信子の有様は、俊吉への並々ならぬ関心を物語っている。何よりも、信子のもっとも身近にいる照子が、あの感傷にみちた手紙の中で次のように明言しているのである。

> 御姉様も俊さんが御好きなのでございますもの。(御隠しになつてはいや。私はよく存じて居りましてよ。)私の事さへ御かまひにならなければ、きつと御自分が俊さんの所へいらしつたのに違ひございません。

結婚前の信子は、桃色の書簡箋の中に封じこまれた少女・照子への依存を強く持ちながら、真面目な彼女は、俊吉への想いや関心を抑えていた。それは信子の、照子への恋譲りが、信子の結婚の時点で、二人の姉妹間の認識としてたしかに存在したことを、照子の手紙が証している。正しくは、照子の手紙と、それを読んで涙を浮かべる信子の心と、恋譲りは記されている。信子の中の照子、あの手紙の中の少女が俊吉と結婚する。

信子達の結婚した年の冬、俊吉と照子の婚約、そして結婚式が挙げられる。かつて姉妹の間で交わした相互諒解は、俊吉を全く除外した抽象的なものであったが、照子も俊吉も、遠く東京で、現実の夫婦として桃色の手紙の世界から飛び出したのである。このことの不思議、信じられない事態を、信子は「でも妙なものね。私にも弟が一人出来るのだと思ふと」の言葉で表現したのであった。

そして、第二章では、夫との性を中軸とした結婚生活に埋没して、信子が文学を断念することに象徴されるように、文学を共通の場とする俊吉との結婚という信子のかつての夢が、次第に現実によって侵蝕されていくことが描かれている。身綺麗で上品な夫と、大阪の郊外の家に二人きりで暮らし、必ず晩飯後の何時間かは二人で一緒に過ごし、信子は編物の針を動かしながら、近頃世間に騒がれている小説や戯曲の話などもし、それに対して夫は晩酌の頬を赤らめたまま、珍しそうに耳を傾けて夕食後の団欒を楽しむ。

つまり、夫は女性的で無口だが、夕食後の信子の文学談にも珍しそうに耳を傾けるし、日曜日ごとの外出でも、夫が他の関西人に比して格段に上品なのを嬉しく感じ、同僚と比べて一層誇りがましく感じた信子の幸福を疑うことはできない。信子は夫の留守の内、1、2時間ずつ机に向かうが、夫は「愈女流作家になるかね」とやさしい口元に薄笑いを見せる。

新婚当初の信子がそういう幸福や愛のなかにいたことは明らかである。

> 所が残暑が初秋へ振り変らうとする時分、夫は或日会社の出がけに、汗じみた襟を取変へようとした。が、生憎襟は一本残らず洗濯屋の手に渡つてゐた。夫は日頃身綺麗なだけに、不快らしく顔を曇らせた。さうしてズボン吊を掛けながら、「小説ばかり書いてゐちや困る。」と何時になく厭味を云つた。信子は黙つて眼を伏せて、上衣の埃を払つてゐた。

一見ありきたりの話ではあるが、しかし、秋への移行が転機となっていることに注意したい。

結婚後かれこれ三月ばかりは、あらゆる結婚の夫婦の如く、彼等もまた幸福な日を送ったのだが、だがともかくこうした信子の結婚は世間の習慣通りのものであることに違いない。信子は結婚後幸せな日々を送っているように見える。彼女は、おとなしくて上品で、身綺麗な夫をもったことを、誇りがましいような心もちでいる。

いわば、ありふれた炉辺の幸福に安住する夫と、その夫を気の毒がりながら、みずからもまた平凡な日常性にからめとられてゆく信子の姿があざやかである。信子の新婚生活は、あらゆる男と女がそうであるように、日常性時間の緩慢な流れのなかに、幸福や夢の切れはしをつぎつぎに埋没させながら古びてゆく。

> そんな事が何度か繰返される内に、だんだん秋が深くなつて来た。信子は何時か机に向つて、ペンを執る事が稀になつた。その時にはもう夫の方も、前程彼女の文学談を珍しがらないやうになつてゐた。彼

> 等は夜毎に長火鉢を隔てて、瑣末な家庭の経済の話に時間を殺す事を覚え出した。その上又かう云ふ話題は、少くとも晩酌後の夫にとつて、最も興味があるらしかつた。それでも信子は気の毒さうに、時々夫の顔色を窺つて見る事があつた。が、彼は何も知らず、近頃延した髭を噛みながら、何時もより余程快活に、「これで子供でも出来て見ると—」なぞと、考へ考へ話してゐた。

このように、残暑が初秋へ振り変ろうとする時分、信子ははじめて夫から嫌味をいわれる。季節が秋へと向うに従い、信子の生活にも秋風が立つという構想である。平凡な男との結婚生活にとって、青春に夢みられたひとつの生が瓦解する。青春は夫の凡庸さによってだけでなく、信子自身の変貌によっても裏切られる。つまり、信子は予定どおりに創作の筆をとりはじめるが、しかし机には向うにしても、思いの外ペンは進まなかった。仮構を現実に連れもどすこころみの最初の挫折である。

やがて日常茶飯の経済など重んずる夫のため、信子の女流作家志望も次々とへし折られていく。仲違いをし、仲良くなり、平凡に過していくうちに、泣くことの敗北と愉楽を味う。

信子はペンを執ることがまれになり、夫も彼女の文学談を珍しがらぬようになり、二人は瑣末な家庭の経済の話に時間を費し、夫は「これで子供でも出来て見ると—」などと快活に話す。これこそ「不可解な、不等な、退屈な人生」なのである。少女趣味の物珍しさが消えた夫は、夢よりも現実を大事がる口喧しい男に変っていったし、信子もまた、昼に争って夜に和解することを覚えた、平凡な人妻に変貌してゆく。

たとえば、月々の経費の節約、信子がする夫の襟飾の絽刺は買う方が安くつく、とねちねち夫はいう。もう小説など書かないと寝室で信子はすすり泣くが、翌日は元通り仲の好い夫婦に返っている。今度は12時すぎても夫は帰らず、泥酔して帰ると、小説がはかどったろうと皮肉をいう。

> 照子。照子。私が便りに思ふのは、たつたお前一人ぎりだ。—信子は度々心の中でかう妹に呼びかけながら、夫の酒臭い寝息に苦しまされて、殆夜中まんじりともせずに、寝返りばかり打つてゐた。

俊吉の動静は、妹からの手紙で知るだけで、それ以上彼のことを知りたいという気も起こさなかった。自動詞ではなく、他動詞表現に信子の抑制が現われている。しかし、雑誌に俊吉の小説が掲載されはじめ、昔と同じ懐しさをもって読むと、気のせいか、一見軽快な皮肉の背後に何か今までの従兄にはない、寂しそうな捨鉢の調子を読みとり、後めたいような気を味わう。

信子はその翌年の秋、社命を帯びた夫と一緒に、久しぶりで東京の土を踏んだ。作中においても二度目の秋である。翌年の秋、夫と共に上京した信子が、妹夫婦を一人で訪問することで、カタストローフを迎える。

第三章、1年後に再会した俊吉と信子の二人だけの時間、信子は上述のような感傷と現実との間に動揺し続けている。信子は夢を抱いて上京し、郊外にある妹夫婦の新居を訪れる。夢は松林の中の家で浸った快い感傷の延長線上に求められるはずだった。が、新開地じみた電車の終点から、たったひとり車に揺られていく途次に、彼女の夢は早くも色あせる。妹夫婦の新居を訪問する信子から夫をはずし、近える側にも、照子と女中とをそれも別々に使いに出して俊吉一人にしたのはむろん作者の計算である。

俊吉は信子を新聞雑誌や原稿用紙が、手のつけようもないほど散らかった書斎兼客間の八畳に案内する。大阪の松林の中の茶の間とは対照的な部屋である。俊吉との話題が全然暮らし向きの問題には触れないというのも、夫との瑣末な家庭の経済の話の多い大阪の茶の間の話題と対象をなす。信子の夢は、自身でも定かでない俊吉への気持ちを確かめることにあった。

しかし、俊吉のとらえ難い態度を見、とまどい失望する。

> 俊吉はその小屋を覗いて見て、殆独り言かと思ふやうに、「寝てゐる。」と彼女に囁いた。「玉子を人に取られた鶏が。」—信子は草の中に佇んだ侭、さう考へずにはゐられなかつた。……
>
> 二人が庭から返つて来ると、照子は夫の机の前に、ぼんやり電灯を眺めてゐた。青い横ばひがたつた一つ、笠に這つてゐる電灯を。

このように、「玉子」とは人生の実質であり、具体的には俊吉との結婚によって可能であったと思われるところの人生であり、それを妹に「取られた」と感ずる信子の意識はすでに暗い。自分が犠牲になって与えたのではなく、「取られた」という負の方向性がそこにあるからである。夫であるはずの俊吉が、弟という形で目の前にいる。しかもそれはもはや演技ではなく、実質を伴った生活として定着していること、それを確認した信子の喪失感が描かれている。

その中で信子は俊吉に幸福かと問い、待つとはいえないほど、かすかに何かを待つ心もちになっている。信子は犠牲的結婚の実質、仮構の生のリアリティを確認したいのだが、俊吉の曖昧な態度はそれを確認させない。

夜、俊吉と二人で鶏小屋から帰ってきた信子は、夫の机の前に、ぼんやり電灯を眺めている照子に不安を感じる。信子の照子への失望、その決定的すれ違いは、「四」の章で描かれる。俊吉の外出後にはじまるドラマは、信子の一時の夢を決定的に打ち砕く。

翌日は俊吉を外出させて、信子—照子の二人にしぼり、これまで小刻みに反復されてきた葛藤を、この作品としてはドラマらしいドラマへと進めて行く。信子と照子は幸福をめぐって、衝突へと至るのである。「照さんは幸福ね」と冗談のようにいった信子の声には、自然と真面目な羨望の調子がしのびこんでおり、「御姉様だつて幸福の癖に」といった照子の言葉は信子を打った。強いて微笑して「さう思はれるだけでも幸福ね」という信子にとって、幸福は信じられておらず、「でも御兄様は御優しくはなくつて?」と尋ねる照子には自分の幸福・愛は疑われていない。照子の言葉にこもる憐憫の情に反発して信子はわざと何とも答えない。しのび泣く照子に残酷な喜びを感じながら、信子はいい続けた。

> それから女中の耳を憚るやうに、照子の方へ顔をやりながら、「悪るかつたら、私があやまるわ。私は照さんさへ幸福なら、何より難有いと思つてゐるの。ほんたうよ。俊さんが照さんを愛してゐてくれれば—」と、低い声で云ひ続けた。

照子は勿論、かつての照子ではない。一人の妻として、女の在り様を理解しはじめている。自分のために犠牲的結婚をしたと考えていた姉も、今は優しい義兄のもので幸福に暮らしている現実面を感じとっている。

このように、表面的には妹とは永久に他人になったような心もちが、氷を張らせたところの寂しい諦めであり、俊吉とも通い合うものを失った彼女の孤独な想いであろう。信子の犠牲的結婚を始点とした仮構の生を支える共演者の妹照子が、信子のシナリオから逸脱して成長を遂げ、一人の自立した女になっていることによって、信子の仮構の生は崩れるのである。信子の寂しい諦めを、このあとすれちがって声をかけえなかった俊吉への愛のあきらめ、としてしまってはならないだろう。妹が発作的に烈しい嫉妬の情で泣いたという事実は事実として信子の心を離れず永久に他人になったような心持ちが氷のごとく胸中にある。それは、自分が犠牲になったと思っても見たくなるようだった妹という身近な他者、それとの絶縁からくる孤独な心情であり、自分にとって定かでなかった愛・幸福が、妹に代表される世間の愛・幸福からますます離れているという、つらい認識である。

ところが、照子の認識は、信子には判らない。照子から示された憐憫に反撥し、わざと何とも答えなかった自分の態度が、妹の涙を誘発したと誤解した彼女は、残酷な喜びを感じつつ、妹の幸せのみを願う姉を演じ、自らも感傷的になりはじめた時、嫉妬に燃える照子の反撃にあうのである。「ぢや御姉様は—御姉様は何故昨夜も—」この叫びの中に、姉妹双方の諒解は完全に崩壊し尽したのである。姉の結婚が犠牲的なものであることを知り、その結果としての自分の幸福な生活を姉に感謝している、センチメンタルな乙女から、夫の愛に飽き足りている新妻へと成長している。

結末の場面だが、この直前の箇所ともども注目してみたい。

> 彼女は従兄の帰りも待たずこの俥上に身を託した時、既に妹とは永久に他人になつたやうな心もちが、意地悪く彼女の胸の中に氷を張らせてゐたのであつた。—
>
> 信子はふと眼を挙げた。その時セルロイドの窓の中には、ごみごみした町を歩いて来る、杖を抱へた従兄の姿が見えた。彼女の心は動揺した。俥を止めようか。それともこの侭行き違はうか。彼女は動悸を抑へながら、暫くは唯幌の下に、空しい逡巡を重ねてゐた。が、俊吉と彼女との距離は、見る見る内に近くなつて来た。彼は薄日の光を浴

びて、水溜りの多い往来にゆつくりと靴を運んでゐた。

このように、信子のその後の情況を、如実に示している。つまり、妹に恋を譲った信子という一人の女性の寂しい心情を巧みに描き出す。俊吉の帰宅をまたないで駅へ急ぐ信子を取り巻くものは、幌俥の薄暗い小空間であり、彼女の眼にするものは、すべて四角なセルロイドの窓を通したものである。入口や扉と異なり、窓は一方的な方向性しか持たない。しかも、この場合、判透明なセルロイドという遮蔽幕がおりており、外界とは隔離されている。こういう状態で、帰り来る俊吉の姿を発見した信子は、逡巡に逡巡を重ねて、結局、声をかけることもできず、すれ違ってしまう。

従兄の俊吉は別としても、その新妻となった照子は信子が思い込んでいたような柔順な少女らしい妹ではすでになく、二人の世界に信子が入り込む余地はなかった。ひとり疎外された信子は、寂しい諦めに包まれ、永久に他人になったような心もちを抱いて帰途につく。たとえ、俊吉と言葉をかわそうとも、喪われた世界が、もはや回復不能であることは自明である。要心深く、安定した現実生活を選んだ帳尻は、自分で合わさなければならない。

このように、秋という季節が小説中で最も威力を発揮するのは、「四」の章である。薄雲を漂わせた、冷やかな秋の空は、信子の抱く寂しい諦めと連動し、車上から従兄の姿を認めながら声をかけることもなくすれ違う場面での、背景描写としてもふさわしい。

作品の結びの次の一節があるといえよう。

薄濁つた空、疎らな屋並、高い木々の黄ばんだ梢、—後には不相変人通りの少い場末の町があるばかりであつた。

「秋—」

信子はうすら寒い幌の下に、全身で寂しさを感じながら、しみじみかう思はずにゐられなかつた。

刹那の感動的な結びとは異質の、流動的でありながら、空虚な世界がここにはある。しかし、それを芥川が捉えた現実とみなしてよいのかいささか疑問であろう。小説の末尾のわびしい秋を示す自然描写は、そのまま信子の心象風景に重なるのである。作品世界が、「秋―」とつぶやく主人公信子の、全身で感じた寂しさに収斂している。

全身で「秋―」を感じている信子は、結局センチメンタリズムの世界を喪失し、半身空洞になりつつも、一歩も外界へ出ようとせず、寂しい諦めの裡に逼塞せざるを得なかった。自身の女性としての身体を直視することもなく、ひたすら日常的観念もしくは感傷に埋没する女性と化している。薄濁った空、疎らな屋並、高い木々の黄ばんだ梢、― 後には不相変人通りの少い場末の町があるばかりであった。

このように、『秋』は信子と妹照子の心理葛藤のドラマを通し、信子の寂しい諦めがクローズアップされるように仕組まれた小説である。世紀末を母胎として作家としての生誕をなした芥川にとって、秋はその世界の季節としてもっともふさわしいものであったということである。つまり、『秋』の時間は、「一」の章が春、「二」の章が初夏6月頃から初冬の師走の半ば、そして「三」と「四」の章がその翌年の秋ということになる。秋は二度繰り返して小説の背景に用いられているのである。しかも、クライマックスや小説の流れに、秋という季節感は大きな意味を持たされる。つまり、仮構の生を生きる主人公が、夢破れて再び平凡な日常性にからめとられてゆく姿をあざやかに描き出したとする。文学への夢も俊吉への愛をも失ったことを自覚した彼女は、平凡な夫との日常的な生活に戻るしかなかったのである。夫との仲たがいをくり返しつつ、しだいに、不可解、下等、退屈な人生を信子は生きて行くようになるのであった。

いわば、人間はいつまでも同じことをくり返していく。現実の生が次々と続いて流れていくだけであろう。「そんな事が何度か繰り返される内に、だんだん秋が深くなつて来た」とあるが、「亦翌日になると、自然と仲直りが出来上つてゐた」とあるように、やはり依然として不可解・下等・退屈な人生が続くわけである。

以上の考察した結果をまとめてみると、ありふれた炉辺の幸福に安住する夫と、その夫を気の毒がりながら、みずからもまた平凡な日常性にからめとられてゆく信子の姿があざやかである。信子はペンを執ることがまれになり、夫も彼女の文学談を珍しがらぬようになり、二人は瑣末な家庭の経済の話に時間を費し、夫は「これで子供でも出来て見ると—」などと快活に話す。これこそ不可解な、不等な、退屈な人生なのである。また、夫であるはずの俊吉が、弟という形で目の前にいる、しかもそれはもはや演技ではなく、実質を伴った生活として定着していること、それを確認した信子の喪失感が描かれている。信子の寂しい諦めを、このあとすれちがって声をかけえなかった俊吉への愛のあきらめ、としてしまってはならないだろう。妹が発作的に烈しい嫉妬の情で泣いたという事実は事実として信子の心を離れず永久に他人になったような心持ちが氷のごとく胸中にある。作品世界が、「秋—」とつぶやく主人公信子の、全身で感じた寂しさに収斂している。薄濁った空、疎らな屋並、高い木々の黄ばんだ梢、— 後には不相変人通りの少い場末の町があるばかりであった。

文学への夢も俊吉への愛をも失ったことを自覚した彼女は、平凡な夫との日常的な生活に戻るしかなかったのである。夫との仲たがいをくり返しつつ、しだいに、不可解、下等、退屈な人生を信子は生きて行くようになるのであった。

f.『トロッコ』に表れた「くり返される塵労」の様態

少年のトロッコ体験を人生の象徴として把握する読みは、多くの評者に共通している。その意味では、浅井清の「『トロッコ』の世界は少年の日の思い出の一齣への回帰が絶えず現実を逆照射している可逆性の上に、成り立っている[1]」という指摘は的を射ており、平岡敏夫の「芥川最初のこの少年時の回想という形式の短篇は、やがて自伝的な保吉物の一つ「少年」(大13・4～5)を呼び起こし、さらに「大導寺信輔の半生」(大14・1)に及び、芥川の小説構造そのものを変えて行く重要な契機になった[2]」という芥川自身に引き付けた解釈や、宮坂覚の「良平の思いは、翌年から展開される「遡行のもの」における、「保吉」などの分身、延いては芥川自身のそれである[3]」という解釈も見過ごせないものと思われる。

『トロッコ』は四つの段落から成っている。その構成は整然としており、少しも破綻がない。全四段を要約するなら、(一)トロッコへのあこがれ、(二)あこがれの高まり、(三)あこがれの実現から不安と恐れへ、(四)成人した主人公の回想となる。

まず、時は「良平の八つの年」の2月の初旬のある夕方であり、良平には、二つ下の弟がいることになっている。良平は弟と、弟と同じ年の隣の子供の三人で、村外れの工事現場へ行き、泥だらけになったまま、薄明るい中に並んでいるトロッコを見つけ、恐る恐る一番端にあるのを押す。

　三人の子供は恐る恐る、一番端にあるトロッコを押した。トロッコ

1)「トロッコ」(「国文学」) 昭45・11
2)「トロッコ」(「教育研究」昭55・5)
3)「芥川文学にみる「ひとすぢの路」」(「玉藻」昭45・3)

> は三人の力が揃ふと、突然ごろりと車輪をまはした。良平はこの音にひやりとした。しかし二度目の車輪の音は、もう彼を驚かさなかつた。ごろり、ごろり、―トロッコはさう云ふ音と共に、三人の手に押されながら、そろそろ線路を登つて行つた。

はじめて触れたあこがれのトロッコに対する、うぶな少年の心の喜びが手に取るように伝わってくる。三人の力が揃うと一番端にあるトロッコは突然ごろりと車輪をまわす。良平はこの音にひやりとする。二度目からは驚かさなくなり、三人は、トロッコを押して登る。動かさなくなるまで押して、そして子供達は、トロッコに飛び乗り、トロッコは、線路を下る。つき当たりの風景は、両側に分かれるように、ずんずん目の前に展開して来、良平は、顔に吹きつける日の暮の風を感じる。

いわば、8歳の良平のトロッコへの異常な関心は、村外れまで毎日、工事を見物に出かけるという行為で示され、読者に以後展開する物語に期待を抱かせるのである。それは、たとえば良平のトロッコへのあこがれは、トロッコの描写を通じて示される。土を積み、土工を二人乗せて山を下るトロッコは、目に見えるように描かれている。工事現場、トロッコといった世界は、子供にとって誰しも、めずらしい、新鮮な、生々しい魅力を持つ世界である。良平のトロッコへのあこがれの気持ちは、煽るように車台が動いたり、土工の袢天の裾がひらついたり、細い線路がしなったりというトロッコの動きの目に見えるような描写と一体化している。また、トロッコにはじめて乗った時の喜びや、土工の許しを得て二度目にトロッコに触った時の喜びも、行動・動作のくわしい描写と一つに溶け込んでいる。

つまり、「土工になりたい」に始まり、せめては一度でも土工と一緒に、トロッコへ乗りたいと思い、そして乗れないまでも、押すことさえできたらと思う、その次第に希望を縮小させていく気持ちは、逆に良平のトロッコにかかわりたい願望の強さ、激しさをよく示していよう。

良平はもう一度乗ろうとして、トロッコを押し上げにかかると、「この野郎!誰に断つてトロに触つた?」という怒鳴り声に、喜びはたちまち消え飛んでしまう。そこへ怒鳴り声をもって出現したのが、古い印袢纏に、季節外れの麦藁帽をかぶった、背の高い土工である。

> —さう云ふ姿が目にはひつた時、良平は年下の二人と一しよに、もう五六間逃げ出してゐた。—それぎり良平は使の帰りに、人気のない工事場のトロツコを見ても、二度と乗つて見ようと思つた事はない。唯その時の土工の姿は、今でも良平の頭の何処かに、はつきりした記憶を残してゐる。薄明りの中に仄めいた、小さい黄色の麦藁帽、—しかしその記憶さへも、年毎に色彩は薄れるらしい。

このように、少年の日を回想する現在がここに描かれており、よく問題にされる結びと同じ現在として、『トロッコ』はここで完結させることができないのだろうか。以後良平は、人気のない工事場のトロッコを見ても、二度と乗って見ようとは思わなくなる。

> 唯その時の土工の姿は、今でも良平の頭の何処かに、はつきりした記憶を残してゐる。薄明りの中に仄めいた、小さい黄色の麦藁帽、—しかしその記憶さへも、年毎に色彩は薄れるらしい。

ところが、再び接したトロッコは、本線になるはずの、太い線路を登ってゆく。それは10日前の支線らしい線路ではなく、本線である。良平の喜びはむろんのこと、後の不安といらだら、そして恐れにまで発展する心理の変化は、蜜柑畑の間を登る本線のトロッコを得て、はじめて描きうるものであった。

良平は、二人の間に入ってトロッコを押し始める。

> その内に線路の勾配は、だんだん楽になり始めた。「もう押さなくとも好い。」—良平は今にも云はれるかと内心気がかりでならなかつた。が、若い二人の土工は、前よりも腰を起したぎり、黙々と車を押し続けてゐた。良平はとうとうこらへ切れずに、怯づ怯づこんな事を尋ねて見た。
> 「何時までも押してゐて好い？」
> 「好いとも」
> 二人は同時に返事をした。良平は「優しい人たちだ」と思つた。

前の彼ら見た時から、何だか親しみやすいような気がしたというのも根拠がないが、この「優しい人達だ」というのも、同じことであるトロッコに乗せて貰えた感激からの言葉にすぎない。

やがて、線路の勾配が急になり、いくら押しても動かなくなったところで、三人はトロッコの上へ飛び乗る。トロッコは一息に線路を下り出す。その喜びは、その途端につき当たりの風景は、たちまち両側に分かれるように、ずんずん目の前に展開して来る。顔に当る薄暮の風、足の下に躍るトロッコの動揺、—良平はほとんど有頂天になった。

つまり、良平のトロッコに触れた喜びは、登り路の方が好い、いつまでも押させてくれるから押すよりも乗る方がずっと好い行きに押すところが多ければ、帰りにまた乗るところが多いといった心の中での考えに端的に示される。

> 竹薮のある所へ来ると、トロツコは静かに走るのを止めた。三人はまた前のやうに、重いトロツコを押し始めた。竹薮は何時か雑木林に

> なつた。爪先上りの所々には、赤錆の線路も見えない程、落葉のたまつてゐる場所もあつた。その路をやつと登り切つたら、今度は高い崖の向うに、広々と薄ら寒い海が開けた。と同時に良平の頭には、余り遠く来過ぎた事が、急にはつきりと感じられた。

このように、良平の頭にはあまり遠く来すぎたことが感じられる。それは日を受けた蜜柑畑ではなく、竹薮・雑木林と日のささぬところ、また重いトロッコ、赤錆の線路、と重ねて行く暗いイメージは、薄ら寒い海に至って、良平の心を変える。伊豆地方は気候温暖な土地柄とはいっても、2月初旬は冬であり、その寒く冷たい薄暮の情景が、子供の良平の内面に収斂していくのである。

その上、良平の不安といらだちは、広々と薄ら寒い海を見たのに始まる。赤錆の線路は、その伏線であった。喜びから不安へ移行する良平の心理を描くのみ、上の一節は実に適切である。この自然描写を置いてはじめて、次の「良平の頭には、余り遠く来過ぎた事が、急にはつきりと感じられた」の一文が生きてくるのである。

しかもそこに至るまでには、蜜柑畑の間を登りつめ、そして下り、竹薮を過ぎ雑木林を登るという道のりが置かれていた。黄色い実がいくつも日を受けている、明るい蜜柑畑から、うす暗い雑木林へのトロッコの移動の過程で、主人公良平の心理は、明から暗へと転じているのである。いわば、良平は走るトロッコに乗っても、それまでのようにおもしろい気持ちになれず、もう帰ってくれれば好いとまで思う。

次に、二つの茶店が点描され、同時に良平の心理がくわしく述べられる。季節と時刻を示す自然描写としては、「茶店の前には花のさいた梅に、西日の光が消えかかつてゐる」との一文の挿入がある。これは2月中旬の日暮れの寒さを現わし、時間的にもう遅い、そろそろ帰らなければ暗くなってしまうという良平の心細い心理に呼応させたものといえよう。

第一の茶店で乳呑子をおぶった上さん相手に悠々と茶をのむ土工に対し、良平は独りいらいらする。良平はトロッコの周りを回っては、頑丈な車台の板に跳ねかえった泥などを見ている。それが第二の茶店に移ると、良平は帰ることばかり気にしており、もう日が暮れると考えるとぼんやりしておられず、車輪を蹴ったり、動かないのを承知でうんうんトロッコを押すなど、いら立つ気持ちは行動にまで現される。土工たちと良平の絆は、第一の茶店を出る時点では切れていない。土工の一人がくれた駄菓子には、まだ良平と彼らを結ぶ何かが存在するのである。しかし、切り崩した山を背負っている、藁屋根の茶店で、土工たちが悠々と茶などを飲むのを、良平はいらいらしながら待つ。土工たちは、良平を茶店に入れない。仲間扱いにしていないのである。もう厄介だから帰さなくてはと思っているのかもしれない。

そこへ、あの決定的な土工たちのことばが落ちてくるのである。それは、良平のセンシブルな感覚をよく示しているところだろう。菓子には、石油の匂いがしみついている。そのため、作品の世界を支配しているものとしての夕方・薄暮でもあるのである。なお、第二の茶店に至るまでの時間の経過は、トロッコの軌跡を詳しく描写したり、巻煙草を耳に挟んだ男が第一茶店を出た時には、もう挟んでいなかったと書き留めたり、心憎いほどの気の配りようである。

次の不安がきざすところは、「夕焼けのした日金山の空も、もう火照りが消えかかつてゐた」あたりは暗くなる一方だったという自然描写に重ねるかのように、良平の気が気でない心理が語られてゆく。心にくいばかりの自然と人事との一致した描き方といえる。

このようにして、良平は「取つて附けたやうな御時宣」をすると、線路伝いに走り出す。良平の必死の態度は、懐の菓子包みを放り出し、板草履を捨てることに始まり、鼻をくうくう鳴らし、羽織を脱ぎ捨て、あえぎあえぎ家への道を走り通す行為に示される。往きと返りと変るせいか、景色の違うことや、あたりは暗くなる一方といった情景描写と良平の不安や恐れの気持ちとが、ぴったり重なるような描き方にも注目したい。

いわば、良平はたった一人で、帰らなければならない事態に衝き落ちとされる。家に帰り着くまでの恐怖感は、すごいリアリティがあると言わねばならないだろう。良平は総てを捨てていく。命さえ助かればという思いのために、菓子包みを、板草履を、羽織を、必要ならば裸になったかもしれない。この道が本当に帰れる道かどうかさえ不安になって来る。

「往きと返り」とは景色も違うのである。

> やつと遠い夕闇の中に、村外れの工事場が見えた時、良平は一思ひに泣きたくなつた。しかしその時もべそはかいたが、とうとう泣かずに駈け続けた。
>
> 彼の村へはひつて見ると、もう両側の家々には、電灯の光がさし合つてゐた。良平はその電灯の光に頭から汗の湯気の立つのが、彼自身にもはつきりわかつた。井戸端に水を汲んでゐる女衆や、畑から帰つて来る男衆は、良平が喘ぎ喘ぎ走るのを見ては、「おいどうしたね？」などと声をかけた。が、彼は無言の侭、雑貨屋だの床屋だの、明るい家の前を走り過ぎた。

そしてついに駆けこんだ彼の家、懐に飛び込んだ「母」は、母を母胎とする。そしてそれを取り囲む血縁地縁共同体という全く安心し得る空間としての世界なのである。そこは、安心できる世界でもあるが、恐怖から逃れられる唯一の場所でもあったのである。無事帰宅した良平は、思いの丈を込めて泣き叫ぶしかない。いわば、遠い夕闇の中に出発点である村外れの工事場を見出した時、良平は泣きたくなる。安心することで、かえって感情は高まるのである。が、芥川は良平をその場では泣かせず、家の門口へ駆け込ませ、はじめてわっと大声に泣かせている。不安や恐れの感情は、これによってよりリアルとなる。母に体を抱えられ、手足をもがきながらすすりあげ、泣き続ける良平の悲しみは、読者に十分伝わってゆく。

このように、『トロッコ』の文章の構成は、第一段階から第七段階(「そこには古い印半天に」で始まる段落)までが本文部(土工に突き放された切ない思い出を描き部分)に対して導入的役割を果たし、最終段階に相当する第三十段落が、本文部を回想する主人公の心境を示して、この導入的役割の部分と最終段落とが相呼応して本文部を包み込む額縁のような機能を果たしている。

このように、『トロッコ』の作品構造の特色は、主人公良平が８才のときの出来事を回想しているところにある。芥川は良平の回想のさまを作品末尾で次のように記す。

> 良平は二十六の年、妻子と一しよに東京へ出て来た。今では或雑誌社の二階に、校正の朱筆を握つてゐる。が、彼はどうかすると、全然何の理由もないのに、その時の彼を思ひ出す事がある。全然何の理由もないのに？—塵労に疲れた彼の前には今でもやはりその時のやうに、薄暗い薮や坂のある路が、細々と一すぢ断続してゐる。……

もちろんこのような心理描写には意識的な省筆がある。だが読者は人生のある瞬間にふと佇む塵労に疲れた良平の屈託のさまを想像しうる。「何の理由もないのに」と作者が書いているのは、良平の意識がそれと認識していないことを表しているのであって、深層意識での契機があり、あるいはさらに回想を契機として人生を再検討する方向へ気持ちが動いていく気配のあることも暗示している。

ここでは山上から母のもとへ、「刹那の感動」から「日常性」へ、すでに帰路の性格をあらわにした「一すぢの路」なのである。そのときの薄暗い薮や坂のある路は、『トロッコ』を書いている時の、眼前に去来する人生そのものの姿として芥川には見えたのであり、だからこそ、芥川はあえて良平青年の感懐として書き志したのではないか。つまり、楽しいこともあったはずの思い出の前半が忘却され、思い出の中の後半の心細かった一筋の細路がまるで来し方の人生の起伏を振り替えるように薄暗い薮とともに回想されている。この回想の起点時の心的傾向を明確に示している。26才で妻子とともに東京へ出て、職を捜して、校正係となって今まで過ごしてきた現在、塵労に疲れた良平が思い出す心細い風景と母の懐で泣いたことの意味は明白である。

これと関連して、浅井清は、単に少年の日の思い出だけでなく、それへの回帰が絶えず「現実を逆照射している可逆性」を指摘し、「トロッコの記憶にまつわりつく少年の思い出に、人生そのものを象徴しているところがこの作品の生命[4)]」であると、新しい視点を出している。いわば、『トロッコ』には、基本的に二つの時間が、構想の時間として設定された。

それは、雑誌社の二階で朱筆を握る成人した良平の現実に常に連結し、甦るものとして存在するのである。幼い日の切ない思い出は、現在の良平の生活に、いまも、「細々と一すじ断続してゐる」世界なのである。塵労に疲れた彼の前にあのときの路が見えてくる。良平の現在の塵労と当時の土工の塵労とを重ねて、生活の塵労もにじみ出ているようである。良平と作者の距離はない。しかし、海の思い出に反し

---

4)『トロッコ』(「国文学」昭45・11)

て、目のさめるような美しい海とおだやかで暖かい風景を『トロッコ』に描いてみせたのは、それほどすばらしいものであっても、じつは、うす暗い、藪や坂のある細々と続く道にしかすぎないことを語りたかったからである。

以前に夢に描いた別世界へ「行って見ること」を断念して「引き返すこと」を考える。ここに塵労に疲れた今の良平の心理的アナロジーが明示されている。人生の日暮れ方を思わせ、それにぶつかる良平の感覚が、少年の、外の世界への全くの初体験としての、怖ろしさを感じているものであることは、否定できない。8才の少年良平の体験した恐れと悲しみの感情は、20数才となった良平の悲しい人生体験の一つとして反芻されている。不安と恐れの気持ちを抱いて夕闇の中を走って家に戻ろうとする主人公良平、—ここにもグレイの色調を連想させるわびしさがある。それは成人した良平の塵労に疲れた姿に重なってくる。

今はある雑誌社の二階で、妻子を養うため、校正という味気ない仕事に携っている、その世界もやはり「薄ら寒い」ものとして読者に映るのである。つまり、校正係りは地味な仕事である。若い時は文学青年であったかもしれない。希望が満たされぬまま志だけは心の底にたゆたいながら、すでに名声を博した人々の作品の校正に血走った眼を走らせているのかもしれない。ふと赤鉛筆を握った手を休めると、定年まではまだ何年もあるというのに、自分の人生がみえてしまい、先の日々も坂のある道にすぎないことがわかってしまう。若い時の志は決してこんなものではなかったし、つい最近まで自分の人生は、もう少しどうにかなるものだと考えていたのである。

このように、人生にとっていろいろな時期は訪れるであろうが、淋しくやるせなく心にくいこむ思いを味わうのは、他人の目には、もっとも脂ののった順調にみえる時ではないのだろうか。そして、こうした時期をいかに生きるかによって、人生の残されたまだ長く続く坂のある道への足どりはちがったものになってくるはずである。塵労に疲れた人間の前に、いつでも細々とつながっている道をあらためてみなおし、あらためて足をつけることこそ、芥川のいう「真の人生」の輝き出す端緒となるのではなかろうか。

以上の考察した結果をまとめてみると、良平が日暮れて一人取残され、菓子はもちろん板草履や羽織まで脱ぎ捨てて、必死になって吾家をめざし駈け上り、駈け下ったトロッコの線路沿いの道は、日々戦いの人生の道と重なり、ここに新たな意味を帯びて読者の前に立ち現れる。つまり、良平少年のたどった往復の道には、作者自身の精神の軌跡がそのまま見られるといってよいであろう。読者は人生のある瞬間にふと佇む「塵労に疲れた」良平の屈託のさまを想像しうる。

いわば、楽しいこともあったはずの思い出の前半が忘却され、思い出の中の後半の心細かった一筋の細路がまるで来し方の人生の起伏を振り替えるように薄暗い薮とともに回想されている。26才で妻子とともに東京へ出て、職を捜して、校正係となって今まで過ごしてきた現在、塵労に疲れた良平が思い出す心細い風景と母の懐で泣いたことの意味は明白である。思い出の部分—土工にあこがれ、トロッコに乗せてもらって満足感にひたるが、若い土工に突き放されて、遠い夕闇をひとり駆けて帰る、切ない思い出を描く部分である。この部分は、作者が大人としての良平を描く今という時間から見て、明らかに過去のことに属する。それはあくまで回想と現在ではありながら両者は分かちがたく結びついていて切り離せないのである。

そのため、幼い日の切ない思い出は、現在の良平の生活に、いまも、「細々と一すじ断続してゐる」世界なのである。塵労に疲れた彼の前にあのときの路が見えてくる。良平の現在の塵労と当時の土工の塵労とを重ねて、生活の塵労もにじみ出ているようである。じつは、「うす暗い、薮や坂のある細々と続く道」にしかすぎない。成人後の良平の人生に断続して続く「遠い路」なのである。8才の少年良平の体験した恐れと悲しみの感情は、20数才となった良平の悲しい人生体験の一つとして反芻されている。不安と恐れの気持ちを抱いて夕闇の中を走って家に戻ろうとする主人公良平、―ここにもグレイの色調を連想させるわびしさがある。それは成人した良平の塵労に疲れた姿に重なってくる。

g.『玄鶴山房』に表れた「くり返される塵労」の様態

『玄鶴山房』をその構成からみれば、導入部としての第一章、山房内の悲劇を描出している第二章から第五章、結びとしての第六章と三部に分けてみるのが自然と思われる。当初発表予定の新年号には、「一」と「二」との約六枚分が、四頁に組まれて発表されただけであり、その後に、「四十枚」ほどの作品だが風邪のため完成しなかった旨の付記が載せられている。さらに、「二十三枚書いてへたばつてしまつた[1)]」とか、「中央公論は前後だけ出来て中間出来ず[2)]」との言明もあり、あわせて推定すれば、作品の「四」から「五」の部分に、この時点で未完成の部分、すなわち執筆を渋滞させる何かがあったということになろう。それは他でもなく、「玄鶴山房の悲劇」のもっとも凝縮されたクライマックスの部分であり、むしろ当然の事といえばいえる。

つまり、それは玄鶴の「浅ましい」と感じるところだと思う。この作品の中で最も印象的な場面として、この作品を論ずる研究者は、必ずと言っていいほど触れる有名な箇所は、玄鶴が浅ましい、虚しいと感じる部分であろう。

「玄鶴三房」の山房内の世界に登場する主要な人物は、玄鶴、その妻お鳥、その娘お鈴、その婿重吉、玄鶴の妾であった女中上がりのお芳、そして玄鶴につき添っている看護婦の甲野であるが、その中でも特に重要なのが、玄鶴であろう。

「一」の画学生と「六」の大学生による、作品の枠組はすでに当初からの構想であり、その枠組の中に展開される「玄鶴山房の悲劇」を発表しつくすことに努めていたわけなのであろう。「六」は、リイプクネ

---

1) 大正15年12月3日の佐々木茂索宛葉書
2) 大正15年12月19日付、斉藤茂吉宛書簡

ヒトを素材とした点に芥川の眼の新しさを指摘できる。そして外界に触れさせたことで、新時代へ向けての芥川の歴史的認識を知ることとは可能である。しかし、そのように観じてきても、額縁の中で描かれた山房内の暗澹たるドラマを払拭できない。

このように、「浅ましい」と自意識の眼で分析し、人間の生きる本能の究極の姿を見詰めていたからである。それについて室生犀星は、次のように語っている。

> 自分はこれらの人生の各各一人づつの人間に美を感じた。玄鶴には玄鶴の美、甲野には甲野の美、お芳にはお芳の美、其他の人間にも美を会得した[3)]。

そのとおり、この作品の人物一人一人に、それなりの人生と圧搾の美とがあるのである。物語は、そうしたネガティブな関係性からさえも拒まれてしまった人間、つまり関係としての場所を決して持つことができない人間、玄鶴に収斂していく。

「離れ」に玄鶴が肺結核を病み、茶の間の隣りで、妻のお鳥が腰萎えになっている。もちろん、うっとうしい風景である。当時の医療水準では、老人性の結核におかされた玄鶴の死期は目に見えているし、お鳥にも治癒は期待されない。病床に釘づけになって周囲の人間たちに迷惑がられながら余生を送るはずである。つまり、玄鶴山房の中の生活が、「茶の間」、「隣りの間」、「離れ」の三つにはっきりわかれている構成を指摘するのは意味深いが、「離れ」の玄鶴、「茶の間の隣り」のお鳥と、重吉がめぐることで、暗欝な山房内の雰囲気は決定される。

はじめに、「それは小ぢんまりと出来上つた、奥床しい門構への家だ

---

3)「芥川竜之介の人と作」ー「新潮」昭2・7

つた」と書き始められ、どの家よりも数奇を凝らして風流に見える家である玄鶴山房を、二人の画学生をとおして外側から把握している「一」は、作品の導入であるとともに、榎本隆司がいうように「山房内のドラマに十分対応する密度の高い一節[4]」になっている。すなわち、風流な玄鶴山房が、実は形骸だけであることが十分に示唆されているのである。たとえば、画家の住居であるがゆえの風流さと思わせて、すぐ後にそれが実は主人がゴム印の特許とか、地所の売買によって得た資産によるものであることを明らかにして、先のイメージを粉砕しているし、画家として多少は知られていたという主人公玄鶴が、他でもなく画学生によってさえ全然知られていない体の画家にすぎない事実を明らかにしたりしているのがそれである。

いわば、画家としても多少は知られていた玄鶴が、資産を作ったのはゴム印の特許を受けたためであり、地所の売買をしたためだと語られている。

> 現に彼が持つてゐた郊外の或地面などは生姜さへ碌に出来ないらしかつた。けれども今はもう赤瓦の家や青瓦の家の立ち並んだ所謂「文化村」に変つてゐた。

玄鶴がおのれの人生に期待していたのかは、この物語の中からはうかがい知ることはできない。しかし、震災を境にして郊外の荒れ地にみかけだけモダンな文化住宅が立ち並んでいくのと見合うかたちで、彼の人生が画家、ゴム印の特許、地所の売買というふうにしだいにその手ごたえを失っていったと、現在の玄鶴が考えていることはたしかであろう。

---

4) 榎本隆司、『玄鶴山房』(『芥川竜之介』「解釈と鑑賞」、昭44・4)

このように、五章まではすべて、玄鶴山房の内部の描写に終始するわけだが、二章は娘婿の重吉の眼と心象によって、三章は娘のお鈴の眼と心象によって、それぞれの章の叙述構造が統括されている。

どの家よりも数奇を凝らした奥床しい門構えの家であり、ある大藩の家老家から嫁いできた器量良しの妻であった。一人娘の婿にもまた一時は知事などにもなったある政治家の次男を迎える。しかし、夢の中で横たわっていたのが茶室めいた部屋で、決して茶室そのものではなかったように、現在の玄鶴にとってはそれらは実体のない、いわば中空の容器でしかない。その中空の容器、玄鶴三房の中で彼はまる裸で恐ろしい孤独とのみ向き合っている。そうした彼に「離れ」はまことに似つかわしい場所であった。

つまり、「霜焼け」と「ミイラ」によって、玄鶴山房の中でじわじわと何が進行していることが示唆されていよう。それは人間であることにすでに枯渇してしまった世界がそこにあるし、人間である形骸が腐敗し、崩壊していく事実がそこに描かれている。

> 玄鶴は「離れ」に床をとり、横になつてゐない時には夜着の山によりかかつてゐた。重吉は外套や帽子をとると、必ずこの「離れ」へ顔を出し、「唯今」とか「けふは如何ですか」とか言葉をかけるのを常としてゐた。しかし「離れ」の閾の内へは滅多に足も入れたことはなかつた。それは舅の肺結核に感染するのを怖れる為でもあり、又一つには息の匂を不快に思ふ為でもあつた。玄鶴は彼の顔を見る度にいつも唯「ああ」とか「お帰り」とか答へた。その声は又力の無い、声よりも息に近いものだつた。重吉は舅にかう言はれると、時々彼の不人情に後ろめたい思ひもしない訣ではなかつた。けれども「離れ」へはひることはどうも彼には無気味だつた。

それはそのまま人間性でもある創造性をすべて枯渇してしまった老人が、ただその肉体上の死を待つばかりに呼吸しているだけの空間と化してしまった書斎の実体である。玄鶴にとってその経て来た人生は、結局は「浅ましい」の一語をもって包括されるものであり、今では死だけが彼の希望になっている。

このように、玄鶴の病臥している「離れ」は文字通りこの山房における彼の孤絶を示している。銀行から帰った重吉は「離れ」に顔を出して挨拶はするが、「閾の内へは滅多に足も入れたことはなかつた」とあるように、玄鶴の中産上層階級志向の象徴のようなこの養子とも彼は決定的に隔絶しており、同じく彼が階級的に上昇すべく迎え入れたと思われる妻との間もまったく断絶している。

玄鶴にはこのあと、生きると呼ぶにふさわしい時間は残されていない。末期の日を待つ無為の日々が流れてゆくにすぎないはずなのだが、家族とのわずらおしい関係からほとんど脱け出たいまになって、玄鶴を脅えさせているのは、いわば生きるということの意味である。

> 彼はお芳の泊つてゐる間は多少の慰めを受けた代りにお鳥の嫉妬や子供たちの喧嘩にしつきりない苦しみを感じてゐた。けれどもそれはまだ善かつた。玄鶴はお芳の去つた後は恐しい孤独を感じた上、長い彼の一生と向ひ合はない訳には行かなかつた。
>
> 玄鶴の一生はかう云ふ彼には如何にも浅ましい一生だつた。

玄鶴は格別の悪事をかさねてきたわけではない。ゴム印の特許や不動産の売買で産をなした半生は、不幸にも画才より商才にめぐまれていたというだけのことであろう。外妾に子を生ませた事実にしても、当時の習俗からいえば、とりたてて咎めだてする必要もない。男の甲斐性という言葉が、生きてはたらいていた時代である。にもかかわらず、玄鶴は時分の一生を「浅ましい」と思う。

お芳から多少の慰めを受けたかわりに、家庭のいざこざや金の工面にいつも重荷を背負いつづけ、この1、2年は何度内心にお芳親子を死んでしまえと思ったか知らない。玄鶴は苦しみを紛らすために、他人の浅ましさを思う。

> それから或篆刻家は、―しかし彼等の犯した罪は不思議にも彼の苦しみには何の変化も与へなかつた。のみならず逆に生そのものにも暗い影を拡げるばかりだつた。

何も知らないがゆえに明るい一面があった幼年時代の記憶を呼びもどそうと、故郷の信州のある山峡の村を思うが、その記憶もつづかない。なにもかも忘れるためにただぐっすり眠りたかった彼は、夢の中でお芳や文太郎に出会い明るい心もちにひたる。しかし、それだけに目の醒めた後はいっそう彼を見じめにしいつか眠ることにも恐怖に近い不安を感じるようになる。

五章では玄鶴の思いと苦しみ、記憶がたどられている。その玄鶴が、みずからの内部に見入る暗い眼からはじまる。玄鶴は、自らの眼で自らの陰欝を振り返る。すなわち、芥川の自己省観である。

> 玄鶴はお芳の去つた後は恐しい孤独を感じた上、長い彼の一生と向ひ合はない訳には行かなかつた。
>
> 玄鶴の一生はかう云ふ彼には如何にも浅ましい一生だつた。

このように、玄鶴は肉体的衰弱と苦痛のなかで、自らの一生が「如何にも浅ましい一生だつた」ことを痛感する。肉体的苦痛のみならず精神的苦痛にうめきながら、彼は自分の「浅ましい一生」をふり返る。

「浅ましい?—しかしそれも考へて見れば、格別わしだけに限つたことではない。」

彼は夜などはかう考へ、彼の親戚や知人のことを一一細かに思ひ出したりした。(中略)しかし彼等の犯した罪は不思議にも彼の苦しみに何の変化も興へなかつた。のみならず逆に生そのものにも暗い影を拡げるばかりだつた。

「何、この苦しみも長いことはない。お目出度くなつてしまひさへすれば……」

実に無惨な暗い人生といわねばならない。死ぬことだけが、残っていたたった一つの慰めであり、苦しみをまぎらすために玄鶴は、幼年時代の記憶をたどり、両親の住んでいた信州の村を思い描く。

このたった一つ残された玄鶴の慰めも、夢の中で会うお芳や文太郎への未練、醒めたあとの底知れないみじめさなどのため、破れがちだった。眠ることにも感じる恐怖に近い不安は、自殺へと導かれる。だが、重病の上、甲野がついているので、容易にその機会を得られない。

またいざとなってみると、死はやはり恐しかった。そんな自分自身を嘲ってもみる。深い自嘲には、生ま生ましい滑稽感すら伴っていた。

「今度は………なぜかかう可笑しうなつてな。………今度はどうか横にして下さい。」

一時間ばかりたつた後、玄鶴はいつか眠つてゐた。その晩は夢も恐しかつた。

芥川がそこに見たものは玄鶴に収斂された陰欝な生の相だった。縊死を決意した時に襲われた玄鶴の恐怖感は、やがて「黄檗の一行ものを眺めたまま、未だに生を貪らずにはいられぬ彼自身を嘲つたりした」という自嘲に変っていくが、玄鶴は縊死を試みて果せない。つまり、玄鶴はこの「離れ」の中に、ある日褌によって縊死しようと試みるが、すでにその力もなく失敗し、その後で持病の肺結核によって「浅ましい」一生を無惨に閉じている。

玄鶴の一生はこういう彼にはいかにも浅ましい一生だった。なるほどゴム印の特許を受けた当座は—花札や酒に日を暮した当座は比較的彼の一生でも明るい時代には違いなかった。しかし、そこにも儕輩の嫉妬や彼の利益を失うまいとする彼自身の焦燥の念は絶えず彼を苦しめていた。ましてお芳を囲い出した後は、—彼は家庭のいざこざのほかにも彼らの知らない金の工面にいつも重荷を背負いつづけてきた。しかもさらに浅ましいことには年の若いお芳に惹かれていたものの、少くともこの1、2年は何度も内心にお芳親子を死んでしまえばと思ったか知らなかった。

玄鶴の生きた人生とは一体何であったろうか。画家としては大成しなかったらしいが、とにかく小さな成功者の一人ではあるらしい。しかし、自家の女中に子供を生ませ、妾として囲い、妾宅通いをしたり、酒と花礼に過した彼の人生は、不治の病床に就く今となっては、「浅ましい」の一語でひっくくられてしまう体のものでしかない。玄鶴の一生はその幼少時を除いて「浅ましい」の一語に総括されてしまうものであり、人間的な関係から隔離されてしまった孤独者として、彼は虚しい生を引きずっているだけなのである。瀕死の床にある玄鶴の心を占めているのはその「浅ましい一生」に対する悔恨であり、営々と築き上げて来た一生がまさに「阿呆の一生」でしかなかったという徒労感である。そこには刹那的で、無秩序な暗い生の模様を観取せざるを得ない。あの山房の人工的な仮構の空間へ向かって進みつつある玄鶴自身とみることもできる。玄鶴は自分の生涯と向き合ってそれまでの行状を「浅ましい」としつつ、「格別わしだけに限つたことではない」と親戚や知人の誰彼を思い浮べ、手段こそ別々だが罪を犯し悪徳を行っていると捉え、すなわち、生きる本能に従っていると認識している。

このように、もっと浅ましい他人の生涯を思いうかべてみても―彼等の犯した罪は不思議にも彼の苦しみに何の変化も与えなかった。のみならず逆に生そのものにも暗い影を拡げるばかりだった。ここで語られているのは、芥川文学の固有のモチーフ、いわば、存在感の認識である。それは玄鶴山房の暗澹たる夜に続いているのであり、玄鶴は古い世界を捨て去って略奪に向かって出発した果てなのである。玄鶴には今や一切の可能性が閉ざされ、死だけが与えられている。相変わらず生の深刻な危機は改変されないまま続いているのである。

六章は、玄鶴の絶命による山房内のドラマの終焉である。これも「一週間ばかりたつた後、玄鶴は家族たちに囲まれたまま、肺結核の為に絶命した」と端的に書き出されている。「肺結核の為に」とわざわざつけ加えたのは自殺の試みが依然として成功しなかったことを示すだろう。

そのため、この作品は芥川の人生に対する絶望感がそのまま反映しているといえよう。つまり、「玄鶴山房」は芥川晩年の心象風景であり、主人公堀越玄鶴をとりまく暗澹たる地獄は吉田精一がいうように「彼の見ている人生を暗示している[5)]」とするのが定説であろう。人間不信の虚偽にみちた世界であるがゆえに、玄鶴山房の悲劇に人間的な、あまりに人間的なものをみていたのが、芥川の偽らない姿であったと思われる。ありふれた家庭悲劇を描きながら日常性にひそむ地獄を暗示し、生の本質的な悲劇性を告知する奥ゆきをそなえることに

5) 吉田精一、『芥川竜之介』、三省堂、昭17・12

なったのである。一人の運命が恐しいほど冷やかに客観され、必然を追ってされている。

以上の考察した結果をまとめてみると、玄鶴の病臥している「離れ」は文字通りこの山房における彼の孤絶を示している。玄鶴にとってその経て来た人生は、結局は「浅ましい」の一語をもって包括されるものであり、今では死だけが彼の希望になっている。玄鶴は肉体的衰弱と苦痛のなかで、自らの一生が「如何にも浅ましい一生だつた」ことを痛感する。肉体的苦痛のみならず精神的苦痛にうめきながら、彼は自分の「浅ましい一生」をふり返る。苦しみをまぎらすために玄鶴は、幼年時代の記憶をたどり、両親の住んでいた信州の村を思い描く。そして、お芳の看病は玄鶴に多少の慰めを与えたにしろ、その空洞を満たすことはできなかった。

つまり、相変わらず生の深刻な危機は改変されないまま続いている。ありふれた家庭悲劇を描きながら日常性にひそむ地獄を暗示し、生の本質的な悲劇性を告知する奥ゆきをそなえることになったのである。一人の運命が恐しいほど冷やかに客観され、必然を追ってされている。人間であるゆえにまぬがれがたい、生きてあることの痛苦である。観念的な人生の見切りから出発して、芥川竜之介はここまで来たのである。そこには刹那的で、無秩序な暗い生の模様を観取せざるを得ない。

h. 小結び

第一章の芥川文学の特徴のなかでその内容面から考察して、各作品の「くり返される塵労」の様態をまとめてみると、以下のようになるだろう。

『偸盗』では、我執の認識から、それを克服する救済の原理の確認というところにとどまらず、また人生はくり返されていく。また、「人間は、何時までの同じ事を繰返して行く」という、婆のさびしい心もちの中で、生は、その空虚をあらわに示してくる。時間の経過とともに、自分の生から娘の生へ、夫の生から太郎次郎の生へと、荒廃した生が、次々と続いて流れていくだけであろう。重く暗く醜い生の営為は常につづくだろうというのが私の考えなのである。

『蜘蛛の糸』では、犍陀多の、果てしない人生の営みと苦しみはつづくだろうというところに作品の主題があるのではないか。人間というものはそこに住すれば救いと光明とに連り得る素質を持ちながら、その素質に徹し得ない弱さをも同時に与えられている、そういう人間であるが故に、人間は始終光明と苦悩との間を往ったり来たりして、惨めな苦悩にも喘がねばならない、そんな犍陀多の相がそこに描かれているのである。だから、この作品における犍陀多の人生も相変わらず繰り返される塵労であるに違いない。

『蜜柑』では、蜜柑の明るい輝きが、この小娘の一生を貫く想い出になることはもはやないのであり、トンネルの多い鉄路に似て、明暗交々の生活がはてしなくくり返されるだけである。「私」はいずれは繰返しの多い日常的現実、「不可解な、下等な、退屈な人生」の中へ帰っていくのであり、小娘もトンネルの多い鉄路さながらに、明暗交々現実に、すなわち幸福な日の後には暗い現実に沈み込む生活に、そしてやがてそれが日常化して「退屈な人生」に帰着していくことになる。平凡で、暗愚で不可解な人生が時として、荘厳ななにものかをかいま見せることがあるということも真実であるし、しかしながらもまたくり返される人生の退屈さも再びひろげていくのであろう。

『秋』では、作品世界が、「秋—」とつぶやく主人公信子の、全身で感じた「寂しさ」に収斂している。薄濁った空、疎らな屋並、高い木々の黄ばんだ梢、— 後には不相変人通りの少い場末の町があるばかりであった。

文学への夢も俊吉への愛をも失ったことを自覚した彼女は、平凡な夫との日常的な生活に戻るしかなかったのである。夫との仲たがいをくり返しつつ、しだいに、不可解、下等、退屈な人生を信子は生きて行くようになるのであった。

『トロッコ』では、良平が日暮れて一人取残され、菓子はもちろん板草履や羽織まで脱ぎ捨てて、必死になって吾家をめざし駈け上り、駈け下ったトロッコの線路沿いの道は、日々戦いの人生の道と重なる。読者は人生のある瞬間にふと佇む「塵労に疲れた」良平の屈託のさまを想像しうる。

いわば、楽しいこともあったはずの思い出の前半が忘却され、思い出の中の後半の心細かった一筋の細路がまるで来し方の人生の起伏を振り替えるように薄暗い薮とともに回想されている。幼い日の切ない思い出は、現在の良平の生活に、いまも、「細々と一すじ断続してゐる」世界なのである。塵労に疲れた彼の前にあのときの路が見えてくる。良平の現在の塵労と当時の土工の塵労とを重ねて、生活の塵労もにじみ出ているようである。

『玄鶴山房』では、玄鶴は肉体的衰弱と苦痛のなかで、自らの一生が「如何にも浅ましい一生だつた」ことを痛感する。肉体的苦痛のみならず精神的苦痛にうめきながら、彼は自分の「浅ましい一生」をふり返る。相変わらず生の深刻な危機は改変されないまま続いている。ありふれた家庭悲劇を描きながら日常性にひそむ地獄を暗示し、生の本質的な悲劇性を告知する奥ゆきをそなえることになったのである。

総合的にまとめてみると、各作品の文末に人生は結局、相変わらず生の深刻な危機は続いている。つまり、主人公達の人生とは、僅かにはカタルシスを与えてくれることもあるが、また繰り返される塵労が待つだけであることをわかった。

2. 技法面 ― 二回の反転 ―

a. はじめに

読み手が作品の構成者としてテクストと対話するとき、新たな「読み」が拓ける。それは芥川竜之介という小説家の技法が、読者をして創造としての「読み」をかなえさせてくれることにつながるのである。

まず、芥川文学の技法面を考察する前に、先行する諸評者たちの見解を時期を追って概観してみよう。

小林英夫は『芥川竜之介の筆癖』で芥川の言語的表現の特性を「表出」と「露顕」の二面性から捉え、後者には「作家の性格的なもの」が反映するとし、芥川の「執拗なパラドックス愛好癖」に理智的・陰性的性格[1]」を見出している。

福田恆存は、戦後いち早く従来の芥川評価に対して比喩の文学を力説し、芥川研究に新生面をひらいた。彼は芥川の表現が「自己主張と自己韜晦との相反した心理の織りなす微妙な表現形式」、すなわち「比喩」に始まるとし、その「文体の特徴」は「永遠に越えんとするもの」(西洋的知性)と「永遠に守らんとするもの」(日本的優情)をはじめとする、さまざまな「二律背反が相互の牽制と反撥のうちに織りなす緊張美[2]」だとしてその本質に迫った。

久保田正文は、「確立されるべき自我」と「崩壊すべき自我[3]」という二律背反に芥川の悲劇を見るが、それを「敗北」とみる観点を越え

---

1)「文学」昭11・12
2)『芥川竜之介Ⅱ』(『作家の態度』)、中央公論社、昭22
3)『芥川竜之介・その二律背反』(いれぶん出版、昭51・8)

ようとしている。

最近では、吉本隆明は、「<芸術的人間>ー<生活的人間>の混融と矛盾と反撥しあいのなかに、芥川的問題の核心はある[4]」としている。

梶木剛は芥川の表現の特徴を「知識と自然、知識人と大衆との二者相剋[5]」としてあげている。

芥川の最晩年の作品『西方の人』『続西方の人』への識者の関心は、作品論を通しての文学史的位置定立への一つのよきモデルとなる。「クリストの一生」に託して芥川がここに提出した問題は、切実なものだけに、ひとり一作家の問題にとどまらず、普遍化された同時代人共通のものとして把握される。たとえば、霊と肉、芸術の実生活との二律背反ととらえる佐藤泰正の『文学その内なる神[6]』がある。

村田浩一は、「すべてを意識の統制のもとに作り上げようという姿勢」が芥川文学の一貫した創作意識であったが、「同時にそれは、芥川の新たな方法の模索を妨げるものであった[7]」という二律背反を論じていた。

意識的方法者は、新しい創造を次々と開拓していかなくてはならない。理智の光で照らした現実が、芥川の観念の指向によって切り盛され組み立てられていた間は、まさに頂上を極めていてことになる。理智の光による表現の効果を夢想した芥川は、人間や社会や芸術などについて端的に「明解な論理と巧妙な比喩とアイデアの豊富さと着眼の奇抜さ[8]」を持って表白した。そういう作家にとって、アフォリズムとか、パラドックスという文学形式は恰好な表現の形式となる。

したがって、私は芥川竜之介の作品に「二回の反転」というものが

---

4)『芥川竜之介における虚と実』(「国文学」、昭52・5)
5)『思想的査証』、国文社、昭56
6) 桜楓社、昭49・3
7)『芥川竜之介ーその方法』、「立教大学文学」12、昭63
8) 中村真一郎、『芥川竜之介の世界』、角川文庫、昭43・10

多いということに気がついた。つまり、先行研究論文を視野に入れながら、考えてみる。『鼻』『芋粥』『手巾』『戯作三昧』『蜜柑』『一塊の土』を中心にして、考察していきたいと思う。

b.『鼻』における「二回の反転」の様態

『鼻』における作品の主要な内容をなす部分で特にわれわれの関心をひくのは、心理上その他の「反転」の様相が、巧妙にかつ執拗に書きこまれていることであろう。それ故に、かえって『鼻』を論じることは難しいともいえるが、はじめに自由に解読の翼を広げて、禅智内供の長大な「鼻」の意味を中心に、作品に表出された作者の「二回の反転」について考えてみよう。

『鼻』は主人公のその時その時の心理の変化が鮮やかに描かれてある。そこで、ここではもう少しそれを解きほぐして、内供と周囲の人達との関係のあり方を具体的にみなおすことから始めたい。傍観者の嘲笑に傷つく被害者としての内供を描く後半と、「栄ゆる寺」の高徳の長者としてあらわれ、長鼻ゆえに傷つく自尊心や偽善をあばかれる前半とは、モチーフのうえで微妙な差がある。

『鼻』を論じるに際してもっとも中心的な課題は、鼻が人並みになった内供がなぜに続けて笑われるかという問題に解釈をつくすことにあると思われる。『鼻』とは、長大な鼻を持った男が鼻という憑依によって世界を異化してしまう物語である。通常の人間にとって透明な空間は、彼にとって、鼻の憑依によって歪み、奇怪に凝固する。孤独の時、その内的空間は、「この長い鼻を実際以上に短く見せる方法」の苦心で満たされる。他人と共有する空間では、「人を見ずに、唯、鼻を見た」精神の空間、たとえば内典・外典にも鼻を求めた。

そのため、『鼻』は、グロテスクな鼻を持った男が、そのコンプレックスの憑依の地獄からの解放の物語である。笑われるべき状態から、それを超えさせるべき状態の実現と、反転して以前の状態への復帰、それも否定されるべきものとしてではなく、むしろ望ましいものとしての復帰、という構造である。

内供の鼻の描写は、まず次のように描かれる。

> 長さは五六寸あつて上脣の上から顋の下まで下つてゐる。形は元も先も同じやうに太い。云はゞ細長い腸詰めのやうな物が、ぶらりと顔のまん中からぶら下つてゐるのである。

それよりむしろ、自分で鼻を気にしているということを、人に知られるのが嫌だったからである。内供は日常の談話の中に、鼻という言葉が出て来るのを何よりも惧れていた。しかも、内供自身が、寺に集まる人々の顔を見ないで鼻ばかり見ている姿も描きこまれており、内供の問題が鼻に象徴される肥大した自尊心のために、彼がかえって自我の物化という危機に陥っている体のものであることが確認されよう。

つまり、内供が長い鼻を実際以上に短く見せる方法に工夫を凝らすわけが明かされる。

> 一人でも自分のやうな鼻のある人間を見つけて、安心がしたかつたからである。(中略)最後に、内供は、内典外典の中に、自分と同じやうな鼻のある人物を見出して、せめても幾分の心やりにしようとさへ思つた事がある。

このように、自分と同類の仲間を見出すことによって、自分の過度の特殊性、それによる独立性を解消したかったからにほかならない。同類の確認によって、人間としての普遍的様態を自らの上に確認したかったのである。他人の眼に自分の鼻がどううつるかということであった。そして、この条から自尊心にあまりに執したがために、かえって精神的柔軟さを欠いて物化してしまっている内供の悲喜劇を読みとるべきであろう。

実際問題としては、長大な鼻は内供にとって、日常生活における不便さ以上に深刻なものでは決してない。換言すれば、それは肉体上の病ではないのである。芥川が原典から自由に解釈の翼を広げて、内供の心の中に潜入して掘り出したのは、その鼻によって傷つけられる内供の自尊心という神経の問題であり、他者との関係の中でそれあるが故に苦悩し、歪み、ついには自壊してしまうあまりにデリケートな自我意識の問題であった。すなわち、鼻に象徴されるごとき強大な自我意識をもった人間内供が、他者との間に人間的な関係を樹立するための基底である人間としての普遍性を求めて努力し、迷ったものの、ついに得られない悲喜劇がここに描かれているといえよう。

身分こそ内供奉僧、高僧十人のひとりに選ばれた存在であるにせよ、作品では鼻によって傷つけられる自尊心のために苦しむ平凡な人間である。それはまず、鼻を短くする方法がきわめて、簡単なものであることから始まっている。病者にとって、一般的には自らの病状が軽いにしたことはないのだが、一方では病者の心理の中には、それが死に至らない程度に自分の病が重大であることを願う、一種の倒錯したヒロイズムがあり、その場合、その治癒の方法や過程が簡単であってはむしろ不満を覚えることになる。この内供の場合、それがきわめて、簡単であり、しかもまったく物理的な療法だったのである。つまり、自尊心の毀損という複雑で微妙な精神の病に対する治療が、きわめて、簡単な物理的な形でもっぱら行われる。

弟子の僧は、内供が折敷の穴から鼻をぬくと、そのまだ湯気の立っている鼻を、両足に力を入れながら、踏みはじめた。内供は横になって、鼻を床板の上へのばしながら、弟子の僧の足が上下に動くのを眼の前に見ているのである。弟子の僧は、時々気の毒そうな顔をしている。治療の際に、内供が眼の前にするのは、弟子の僧の足が上下に動くことである、あるいは、内供は上眼を使って、弟子の僧の足に皸の切れているのを眺めるのである。内供という高僧とあかぎれ、これはなんとも無意味で滑稽で、そしてグロテスクな取り合わせであろう。内供という存在は、その高貴にして尊厳なる社会的規定を一切脱落させられて、あかぎれという、人間の肉体部分の、もっとも底辺的な下賎ともいうべき部分と対面させられている。

弟子の僧の皸のできた足に長大な鼻を踏みしだかれて身動きもできず、内心には不満を覚えながら、その実、肉体の方は精神の痛みを嘲笑するかのように快感さえ生じ、弟子の僧のいうなりになっている内供、この内供の姿こそ芥川がこの作品で描き上げたかった人間そのものの姿であろう。内道場供奉という高い地位・権威の象徴でもある禿頭を弟子の僧に見下されているが、この二人の逆転した姿も、さらに一つ確認しておいてよいものであろう。

しかし、なによりも、『鼻』という小説の面白さは、単に憑依としての鼻を描いたにとどまらない、鼻のコンプレックスがこうじたあげく、鼻自体がまるでひとつの存在者のように内供の意識のなかに入りこんできたというところにある。鼻の憑依が、独立した存在者として現われたという点にある。

さらに、鼻を弟子の僧に踏まれて、精神的には絶え難く痛い状態に追いこまれながら、踏まれてかえって気もちのいいぐらいだという形で、内供の肉体そのものさえもが、内供に逆らって、内供の自尊心を嘲弄しているのであり、精神と肉体との人間の内に占める重要性の度合の逆転が生じてしまっている。しかし、こうした消極的な苦心にことごとく失敗し、さらには積極的に鼻の短くなる方法にもいくつか挑戦して失敗した上で、内供はやっと弟子の僧が京都の医者から教わってきた方法にしたがって、鼻を短くすることに成功するのである。

こうした描写を積み重ねた上で、芥川は次のように「反転」の視点からの人間の姿をまとめている。

> 鼻は—あの顋の下まで下つてゐた鼻は、殆嘘のやうに萎縮して、今は僅に上脣の上で意気地なく残喘を保つてゐる。所々まだらに赤くなつてゐるのは、恐らく踏まれた時の痕であらう。かうなれば、もう誰も哂ふものはないのにちがひない。—鏡の中にある内供の顔は、鏡の外にある内供の顔を見て、満足さうに眼をしばたゝいた。

この一節の最後の一文は、その巧妙さを賞するに値するものといえよう。治療の効あって、鼻がたしかに短く人並みになったことを確認しているこの内供の姿は、一つのドラマの完結を示すものであるとともに、新たなドラマの開始を告げるものとして描かれている。すなわち、鼻が人並みになった内供がさらに笑われるというドラマである。ここに私は「一つ目の反転」といっておく。

鼻が短くなったとき、内供の眼に鼻は、ほとんど嘘のように萎縮して、いまはわずかに上唇の上で意気地なく残喘を保っている。所々まだらに赤くなっているのは、おそらく踏まれた時の痕であろうと映る。いわば長大な鼻の終焉である。萎縮とか意気地なく残喘を保っているとその終焉を捉えさせたのは、いうまでもなく内供の強情だった鼻をようやくにして往服したという、一種得意な意識である。いわば鼻との闘いは勝利に終ったわけだが、この勝利のなんという滑稽さであろう。理想は実現されたにしても、理想自体すでに戯画化されているのである。

また、長くなった鼻を笑われるはずだと論理的には考えられるとしても、かつての日常が帰ってくることだけはたしかである。

—前にはあのやうにつけつけとは哂はなんだて。

内供は、誦しかけた経文をやめて、禿げ頭を傾けながら、時々かう呟く事があつた。(中略)かうなれば、もう誰も哂ふものはないにちがひない。—鏡の中にある内供の顔は、鏡の外にある内供の顔を見て、満足さうに眼をしばたゝいた。

ここでなぜ「鏡の外にある内供の顔」が「鏡の中にある内供の顔」を見るというようにならなかったか。「鏡の外にある内供の顔」は、たしかに人並みの鼻にもどっている。しかし、それは自我そのものを喪失した内供の顔にほかならないのである。

したがって、その後も内供が笑われる、周囲からむしろ一層辛辣に笑われる理由は、もはや明らかであろう。それは単に「顔がはりがしたせい」では決してない。さらには、周囲の者達の残酷で無責任な「傍観者の利己主義」のためだけでもないのである。それよりももっと根本的に、内供自身が自我意識を拡散させ主体性を失った存在と化してしまったことによるのである。鼻を人並みにしてしまったことは、彼の特殊性の否定であり、内供の内供としての存在意識を否定したことであり、この点を池尾の僧俗に見ぬかれた結果にほかならない。

長大な、異形な鼻を見事に短くして、人並の鼻を是が非でも所有せずには止まないという底の偏執に、内供のコンプレックスの無気味な深さを感知したためということであろう。このように、『鼻』は異形な鼻が、内供の世界を異化してゆく物語である。世界は鼻の憑依によって満たされる。つまり、内供と鼻はそのアイデンティティを交換するといっていいだろう。これはすでに顛倒した世界の始まりである。顛倒した世界、虚の世界、いわば鏡の世界の内部への参入の開始といえる。狂しいコンプレックスに捉われた意識は他者の眼のなかに、そのコンプレックスをみる。他者の眼とは鏡なのである。こうして、憑依にとらわれた意識は、最終的に、鏡の中に自己のアイデンティティを見出して終る。

ところで、内供の短い鼻がひきおこした笑いの特質は、それが正面向ってというより、一種屈折したものとなっていることである。

> それは折から、用事があつて、池の尾の寺を訪れた侍が、前よりも一層可笑しさうな顔をして、話も碌々せずに、ぢろぢろ内供の鼻ばかり眺めてゐた事である。それのみならず、嘗、内供の鼻を粥の中へ落した事のある中童子なぞは、講堂の外で内供と行きちがつた時に、始めは、下を向いて可笑しさをこらへてゐたが、とうとうこらへ兼ねたと見えて、一度にふつと吹き出してしまつた。用を云ひつかつた下法師たちが、面と向つてゐる間だけは、慎んで聞いてゐても、内供が後さへ向けば、すぐにくすくす笑ひ出したのは、一度や二度の事ではない。

内供はこうした笑いを「つけつけとした哂ひ」と感じたというが、軽い敵意をそこに見出だしたということであろう。傍観者の利己主義ともいうべき人々の心のわからない内供は、他人の思惑の中に自己の主体性を失ってしまった人間だからである。

鼻自体が動性を持っているかのように描かれていることは、たとえば、次のような描写にもうかがわれるところであろう。

> 烏瓜を煎じて飲んで見た事もある。鼠の尿を鼻へなすつて見た事もある。しかし何をどうしても、鼻は依然として、五六寸の長さをぶらりと脣の上にぶら下げてゐるではないか。

いうまでもなく鼻に意志があるはずはない。にもかかわらず、それを一個の独立した生きもののように見たてる内供の偏執の愚かさが、滑稽さを生じるのである。高僧を平凡な人間にひきおろすところに芥川の諷刺の意図があったというよりも、むしろ芥川はすべての人間にふつうの人間を見出したかったのであり、内供は愛すべき内供にほかならなかった。

内供は慌てて鼻へ手をやった。手にさわるものは、昨夜の短い鼻ではない。上肩の上から顋の下まで、五六寸あまりもぶら下っている、昔の長い鼻である。内供は鼻が一夜のうちに、また元の通り長くなったのを知った。そうしてそれと同時に、鼻が短くなった時と同じような、はればれした心もちが、どこからともなく帰って来るのを感じた。

—かうなれば、もう誰も哂ふものはないのにちがひない。

内供は心の中でかう自分に囁いた。長い鼻をあけ方の秋風にぶらつかせながら。

このように、鼻に象徴される肥大した自我意識を有しながら、他者の眼を気にして、他者とのかかわりにおける自己確認のみを意識して、自らの姿や生き様を他人によって見られている自己に合わせることに終始して、かえって真の自我を喪失してしまった内供の様態が、この実像との奇妙な逆転関係を描いた。そうして自己を把握すること弱く、他人の眼にうつる自分の姿に始終注意をひかれるばかりで、自己を絶対的に生かし得ない鼻長内供の姿は、やがて彼が眺めた人間性の本然の相だった。しかも、これからの内供は、自我を喪失した喜劇を演じてしまった後なのだから、それだけ彼の苦悩はとりとめなく、生き様は悲喜劇の振幅を大きくしていくと考えられる。鼻を秋風にぶらつかせている内供の姿には、鼻の問題が、日常的な反復の中に組み込まれてしまうことが予告されている。

それは愛すべき内供がつねにくり返すべき祈りであり、だれもこの祈りを笑うことはできないのである。たとえ笑われようとも、「長い鼻をあけ方の秋風にぶらつかせながら」、内供は彼自身の日々を生きて行くばかりである。池の尾の内供の寺の晩秋の朝の雰囲気と内供のはればれした心もち—そこには芥川のしみじみとした優しさがこめられている。こうしてみると、結末の意味するところは明らかだろう。それが実の世界への還帰であることはいうまでもない。「黄金を敷いたやうに明るい」庭、「まだうすい朝日に、九輪がまばゆく光つてゐる」朝の輝きは、いわば還帰の安堵なのである。長い鼻は再び、生気をとりもどしたかのごとく「五六寸あまりもぶら下つてゐる」鼻は、内供にとって呪うべきものではなく、愛すべきものとして価値を顛倒している。ここに「二つ目の反転」と言っておきたい。

内供が結局は完全な治癒状態などあるべくもない亀裂を残したまま個としての存在に放置されているからである。彼を抱きとめる歴史的社会的条件が実在しないところに、芥川作品の特徴があるであろう。

> 翌朝、内供が何時ものやうに早く眼をさまして見ると、寺内の銀行や椽が一晩の中に葉を落したので、庭は黄金を敷いたやうに明い。塔の屋根には霜が下りてゐるせゐであらう。まだうすい朝日に、九輪がまばゆく光つてゐる。禅智内供は、蔀を上げた縁に立つて、深く息をすひこんだ。殆、忘れようとしてゐた或感覚が、再内供に帰つて来たのはこの時である。

寺内の晩秋の風景は、むろん芥川独得のものである。庭の黄金を敷いたような明るさや、うすい朝日にまばゆく光っている九輪は、写実などではなく、芥川が創ったそれ自体として自立した風景である。秋風のなかの内供の「はればれした心もち」で閉じた。そこには、その後の内供を想像させる一句だに書きこむことなく、自らの愛すべき世界を閉じたのである。芥川はその先の想像を読者に強いてはいない。内供は、一応の平穏さをとりもどした内供を描いて作品は結ばれている。が、しかし、実際のところは、おそらくは内供はまた笑われるのであろう。

以上の考察した結果をまとめてみると、鼻によって傷つけられる内供の自尊心という神経の問題であり、他者との関係の中でそれあるが故に苦悩し、歪み、ついには自壊してしまうあまりにデリケートな自我意識の問題であった。自分と同類の仲間を見出すことによって、自分の過度の特殊性、それによる独立性を解消したかったからにほかならない。一種の倒錯したヒロイズムがある。踏まれてかえって気もちのいいぐらいだという形で、内供の肉体そのものさえもが、内供に逆らって、内供の自尊心を嘲弄しているのであり、精神と肉体との人間の内に占める重要性の度合の逆転が生じてしまっている。鼻が人並みになった内供がさらに笑われるというドラマである。ここに私は「一つ目の反転」といっておく。

鼻が短くなったとき、内供の眼に鼻は、ほとんど嘘のように萎縮して、今は僅に上唇の上で意気地なく残喘を保っている。いわば鼻との闘いは勝利に終ったわけだが、この勝利がなんという滑稽さであろう。理想は実現されたにしても、理想自体すでに戯画化されているのである。つまり、その後も内供が笑われる、周囲からむしろ一層辛辣に笑われる理由は、もはや明らかであろう。それは単に「顔がはりがしたせい」では決してない。周囲の者達の残酷で無責任な「傍観者の利己主義」のためだけでもないのである。鼻を人並みにしてしまったことは、彼の特殊性の否定であり、内供の内供としての存在意識を否定したことであり、この点を池尾の僧俗に見ぬかれた結果にほかならない。これはすでに顛倒した世界の始まりである。顛倒した世界、虚の世界、いわば鏡の世界の内部への参入の開始といえる。鼻は、内供にとって呪うべきものではなく、愛すべきものとして価値を顛倒している。ここに「二つ目の反転」といっておきたい。

c.『芋粥』における「二回の反転」の様態

『芋粥』は大きく分れば四段構成となっており、第一が五位紹介、第二が摂関家での芋粥の具体化、第三が敦賀への道行き、第四が敦賀到着後の芋粥の提供となっている。いわば、笑われるべき状態から、それを超えさせるべき状態の実現と、反転して以前の状態への復帰、それも否定さるべきものとしてではなく、むしろ望ましいものとしての復帰という構造である。

作品の前半部は、彼がそれまでの四十年を越す生涯を過ごして来た、京における五位のありようが描かれる。物語は摂政藤原基経に使える「某と云ふ五位」の男の紹介からはじまる。彼は背が低く、赤鼻で、眼尻が下り、顔はこけているという風采の上らない男であり、同輩のなぶりものになっていた。

(彼等にいぢめられるのは、一人、この赤鼻の五位だけではない、彼等の知らない誰かが―多数の誰かが、彼の顔と声とを借りて、彼等の無情を責めてゐる。)

人々は五位の背後に「多数の誰か」を感じる。顔も名前も知らない、しかし人間である「多数の誰か」である。五位はそういう誰かを代表し、象徴する。

五位がいつ頃からこの摂関家に仕えるようになったかはもちろん、彼の過去に関しては誰も知らず、風采が非凡にだらしないこともあって、摂関家の者達からほとんど無視されており、むしろ、意地悪の同僚達からはからかいやいたずらの対象とされ、子供達にさえ馬鹿にされている。

> 唯、同僚の悪戯が、嵩じすぎて、髷に紙切れをつけたり、太刀の鞘に草履を結びつけたりすると、彼は笑ふのか、泣くのか、わからないやうな笑顔をして、「いけぬのう、お身たちは。」と云ふ。その顔を見、その声を聞いた者は、誰でも一時或いぢらしさに打たれてしまふ。(彼等にいぢめられるのは、一人、この赤鼻の五位だけではない、彼等の知らない誰かが—多数の誰かが、彼の顔と声とを借りて、彼等の無情を責めてゐる。)—さう云ふ気が、朧げながら、彼等の心に、一瞬の間、しみこんで来るからである。

そもそも五位には名前が与えられていない。他の人間から五位を区別し、特定の一人として認定する指標を持たないのである。そのため下役たちにとって五位は、そこにいてもいないと同様である。いわば、五位には通常の人間に備わっている自我の核が欠けているといえるだろう。「だらしなさ」とはその欠如を意味する。自我が、社会生活上自己防衛の機能を有しているとすれば、五位はその機能を有しないものとして、実はこれまた「異形の者」、グロテスクな存在であるはずである。

人々が五位を人間と見なさないのは、一言でいってしまえば五位が個としての様態を欠いているからである。彼等は相変わらず五位を軽蔑し、莫迦にし続ける。そのとき彼等は自分自身のなかに潜む感覚を、自ら否定しているのである。個として存在するためにである。

人間における欲望の意義であるが、—芥川は五位が軽蔑される多くの場面を描出したあとで、彼の欲望について述べていく。

> では、この話の主人公は、唯、軽蔑される為にのみ生れて来た人間で、別に何の希望も持つてゐないかと云ふと、さうでもない。五位は五六年前から芋粥と云ふ物に、異常な執着を持つてゐる。芋粥とは山

の芋を中に切込んで、それを甘葛の汁で煮た、粥の事を云ふのである。当時はこれが、無上の佳味として、上は万乗の君の食膳にさへ、上せられた。従つて、吾五位の如き人間の口へは、年に一度、臨時の客の折にしか、はいらない。その時でさへ、飲めるのは僅に喉を沾すに足る程の少量である。そこで芋粥を飽きる程飲んで見たいと云ふ事が、久しい前から、彼の唯一の欲望になつてゐた。

五位の一生を貫いている欲望だとは、明白に意識しなかったことであろう。が、五位がそのために、生きているといっても、差し支えないほどであったといって、ついで、次のように説明を加えている。

―人間は、時として、充されるか充されないか、わからない欲望の為に、一生を捧げてしまふ。その愚を哂ふ者は、畢竟、人生に対する路傍の人に過ぎない。

ここに語られていることは、欲望が人生においてももつ意識である。あてにならぬ欲望でもその人にとっては、それの実現を期待するところに、その日その日の生き甲斐もあるというものである。その欲望の実現が可能か不可能か、またその欲望の大きさ小ささは問題ではない。その欲望の可能性のなさや小ささを見て、それを馬鹿げていると思う人は、結局人生というものを知らない人である。そのため、五位が芋粥をいやというほど飲んでみたいと思うのも、決して馬鹿げたことではない。その欲望が五位にとっては人生そのものであったのである。その五位が、唯一つ執着をみせるのが芋粥に対してでおり、彼は「その為に、生きてゐると云つても、差支ない程」だったのである。

そこで芋粥を飽きる程飲んで見たいと云ふ事が、久しい前から、彼

> の唯一の欲望になつてゐた。勿論、彼は、それを誰にも話した事がない。いや彼自身さへそれが、彼の一生を貫いてゐる欲望だとは、明白に意識しなかつた事であらう。が事実は彼がその為に、生きてゐると云つても、差支ない程であつた。

この作品に語られる物語は、「芋粥を飽きる程飲んで見たい」という五位の欲望を軸として展開されるのであるが、文章は、五位の心理に重点を置いているのであり、五位と利仁の関係に重点を置いているのではない。あくまで五位の側に立って、その何ともいえぬ人のよさを語っている作者がいる。ここで、私は「一つ目の反転」といっておきたい。

五位のみじめさ=人生のむなしさが強調されればされるほど、相対的に、「芋粥に飽かむ」という欲望の意味がきわだって重いものになる。ここで存在と欲望の逆転が起きている。五位のアイデンティティはほかならず芋粥に化したものといえるのである。

そのため、『芋粥』はある平凡な人間、人生を描いているといってもよかろう。よく考えれば、だれも五位を笑うことはできないのである。みずからも実はそのように生きている存在にすぎないのだからである。つまり、「芋粥に飽かむ」ことの五位における意味の重さは、五位という存在の内部においてのみそうなものであって、外から見られたとき、あまりの手軽さにしばしば裏切られる。「芋粥に飽かむ」ことの内と外にかかわる意味のとほうもない落差に、『芋粥』の笑いの発端がある。五位の執心がふかければふかいほど、それは笑いの対象にしかならない。だとしても、五位における欲望の重い意味は変らぬし、彼は自己の生を笑われることでしか表現できない無器用な男なのである。読者はやはり、作者の意図どおりに、「芋粥に飽かむ」ことが五位の生の証明にほかならぬゆえんを、つまり、五位の括弧づきの生存の意義を信じておかなければならないと思う。

ところが、『国史大辞典』によれば、平安時代、芋粥は自生の山の芋を材料とすることから値段も高く、もっぱら高級貴族の食物であって、饗宴・節会で一応の料理が出尽くした最後に供される習慣であったという。

語り手は芋粥を次のように説明している。

> 芋粥とは山の芋を中に切込んで、それを甘葛の汁で煮た、粥の事を云ふのである。当時はこれが、無上の佳味として、上は万乗の君の食膳にさへ、上せられた。従つて、吾五位の如き人間の口へは、年に一度、臨時の客の折にしか、はいらない。その時でさへ、飲めるのは僅に喉を沾すに足る程の少量である。

五位にとって、それは美味であるだけでなく、自らの及びもつかぬ上流階級の食生活を象徴するものであったろう。周囲の者たちは五位を一人の人間とは認めない。だが五位の個々に守られた彼だけの欲望は、彼もまた一人の個であることを告げているのである。「芋粥をあきる程飲んで見たい」という欲望は、「充されるか、充されないか、わからない」、いわば大それた欲望なのである。つまり、五位にとって「芋粥を飽かむ」という、他人の嘲笑と憐憫をまねく種でしかないささやかな願望は、実は、彼が生きてあることの明証である。

その一方、五位らが出会って四、五日後、利仁は彼を、東山の近くに湯が涌いているからということで誘い出す。二人の供人を連れ、彼らは馬を進めて行くが、加茂河原から粟田口を抜け、山科にさしかかっても利仁は泊ろうとはしない。関山を越え、とうとう昼過ぎには三井寺にまでたどり着いてしまった。

一行が高島まで行き、迎えにきた郎等が狐が使いをしたと証言するところまでを語って旅の話は終えられる。その後、物語の舞台は敦賀の屋形へと飛び、高島から敦賀までの旅程は、床に就いた五位の回想に廻されるのである。

ところが、利仁の館につき、一夜を過ごすとき、五位の心の中に浮んだのは、次のような感情であった。旅の途中で五位がある変化をとげていることは、敦賀の館で彼が、芋粥を口にする前からそれに飽きはててしまうことと関わり合っているはずである。

そして、これは摂関家の饗宴の場面を見てみよう。

> 五位は毎年、この芋粥を楽しみにしてゐる。が、何時も人数が多いので、自分が飲めるのは、いくらもない。それが今年は、特に、少かつた。さうして気のせゐか、何時もより、余程味が好い。そこで、彼は飲んでしまつた後の椀をしげしげと眺めながら、うすい口髭についてゐる滴を、掌で拭いて誰に云ふともなく、「何時になつたら、これに飽ける事かのう」と、かう云つた。

このような表現は、「芋粥に飽かむ」ことを夢想している五位を実に巧みに描いたものであって、そこには、シンパシイこそあれ、いささかの皮肉もふくまれてはいない。

つまり、翌朝、眼がさめた五位は山のように積まれた山の芋を見て、「殆ど周章に近い驚愕に襲はれ」る。積み上げられた山の高さは、そのまま利仁の力の大きさを示す。それは五位の予想をはるかに越えたものであり、人間の身の丈を越えているのである。その力の下で、次のような光景が繰り広げられる。

> 火を焚きつけるもの、灰を掻くもの、或は、新しい白木の桶に、「あまづらみせん」を汲んで釜の中へ入れるもの、皆芋粥をつくる準

> 備で、眼のまはる程忙しい。釜の下から上る煙と、釜の中から湧く湯気とが、まだ消え残つてゐる明方の靄と一つになつて、広庭一面、はつきり物も見定められない程、灰色のものが罩めた中で、赤いのは、烈々と燃え上る釜の下の焔ばかり、眼に見るもの、耳に聞くもの悉く、戦場か火事場へでも行つたやうな騒ぎである。

その上、次のようなありさまを見たとき、五位の食欲の残りの半分も消えてしまう。

> 五位はさつき、あの軒まで積上げた山の芋を、何十人かの若い男が、薄刃を器用に動かしながら、片端から削るやうに、勢よく切るのを見た。それからそれを、あの下司女たちが、右往左往に馳せちがつて、一つのこらず、五斛納釜へすくつては入れ、すくつては入れするのを見た。最後に、その山の芋が、一つも長筵の上に見えなくなつた時に、芋のにほひと、甘葛のにほひとを含んだ、幾道かの湯気の柱が、蓬々然として、釜の中から、晴れた朝の空へ、舞上つて行くのを見た。

このように、二つの光景の果てに、五位の前に芋粥が―「銀の提の一斗ばかりはいるのに、なみなみと海の如くたゝへた、恐るべき芋粥」が差し出されことになる。

> どうもかう容易に「芋粥に飽かむ」事が、事実となつて現れては、折角今まで、何年となく、辛抱して待つてゐたのが、如何にも、無駄な骨折のやうに、見えてしまふ。出来る事なら、突然何か故障が起つて一旦、芋粥が飲めなくなつてから、又、その故障がなくなつて、今度は、やつとこれにありつけると云ふやうな、そんな手続きに、万事

を運ばせたい。

五位の心境としては、何となく釣り合いのとれない不安のなかでの芋粥ではなく、一旦、芋粥が飲めなくなって、今度はやっとこれにありつけるというような、かつて京にあった日常における芋粥なのである。

五位のうちになぜこのような屈折した感情が起きたのであろうか。つまり、これは欲望に対する自意識の覚醒が起きたということなのである。欲望に対する自意識は、そこに抵抗があってはじめて目覚めさせられる。いわば五位は利仁の館で山の芋二三千本をふんだんに使った大量の芋粥を目の前に出され、口をつけないうちから食欲を失ってしまったというわけである。

> 五位は、今更のやうに、この巨大な山の芋が、この巨大な五斛納釜の中で、芋粥になる事を考へた。さうして、自分が、その芋粥を食ふ為に京都から、わざわざ、越前の敦賀まで旅をして来た事を考へた。考へれば考へる程、何一つ、情無くならないものはない。

京では、「万乗の君の食膳にさへ、上せられた」芋粥が、ここでは、巨大な五斛納釜で煮られて、孤にさえふるまわれている。一升の五百倍が入るという五斛納釜を五つ六つ、かけ連ねて作る、膨大な量の芋粥とは、一体どのようなものなのか。京では、年に一度、「僅に喉を沾すに足る程」しか口に入らない芋粥が、ここでは、「なみゝと海の如く」溢れている。五位にとって無上の価値を持つはずの芋粥は、ここでは無価値に等しい。欲望の目的として思い描いていた芋粥と、獲得された芋粥との間には、極端な価値の落差があり、獲得されたものは、予想とは全く別のものであった。

　が、それにも係はらず、我五位の心には、何となく釣合のとれない不安があつた。第一、時間のたつて行くのが、待遠い。しかもそれと同時に、夜の明けると云ふ事が、—芋粥を食ふ時になると云ふ事が、さう早く、来てはならないやうな心もちがする。さうして又、この矛盾した二つの感情が、互に剋し合ふ後には、境遇の急激な変化から来る、落着かない気分が、今日の天気のやうに、うすら寒く控へてゐる。

　このように、境遇の急激な変化に五位はまだなじんでいないといえよう。すべてが良い方に変わったのに、変わったということそのものに、何か不安を感じさせるものがあり、それが間近に迫った願望の達成にも、影を投げかけている。

　どうもかう容易に「芋粥に飽かむ」事が、事実となつて現れては、折角今まで、何年となく、辛抱して待つてゐたのが、如何にも、無駄な骨折のやうに、見えてしまふ。

　一挙に実現された欲望の達成は、それ以前の努力を無化してしまう。ここに「二つ目の反転」が表わしたといっておく。

　五位の欲望が満たされようとしたときに、なぜ彼は幻滅の悲哀を味わわねばならなかったのかを考えてみなければならない。それは五位にこの幻滅を味わわせた人物を見るとよい。それはいうまでもなく、藤原利仁という男である。その利仁が、五位の前にあらわれてきたとき、どのような姿態を示したかを見てみよう。

　そこで、彼は飲んでしまつた後の椀をしげしげと眺めながら、うすい口髭についてゐる滴を、掌で拭いて誰に云ふともなく、「何時になつたら、これに飽ける事かのう」と、かう云つた。

「大夫殿は、芋粥に飽かれた事がないさうな。」

五位の語が完らない中に、誰かが、嘲笑つた。錆のある、鷹揚な、武人らしい声である。

このように、利仁は嘲笑の主として五位の前にあらわれている。そして「お気の毒な事ぢやの」と軽蔑と憐憫とを一つにしたような声で、言葉をつぎ「お望みなら、利仁がお飽かせ申さう」というのである。

夢がいっきょに、馬鹿々しい規模でなされる実現のされ方それ自体という、いわば人間の演出によるという違いもある。だから、結びの部分において芥川は正確に次のように記したのである。

五位は、芋粥を飲んでゐる狐を眺めながら、此処へ来ない前の彼自身を、なつかしく、心の中でふり返つた。それは、多くの侍たちに愚弄されてゐる彼である。京童にさへ「何ぢや。この鼻赤めが」と、罵られてゐる彼である。色のさめた水干に、指貫をつけて、飼主のない尨犬のやうに、朱雀大路をうろついて歩く、憐む可き、孤独な彼である。しかし、同時に又、芋粥に飽きたいと云ふ慾望を、唯一人大事に守つてゐた、幸福な彼である。

五位は、芋粥を飲んでいる狐を眺めながら、ここへ来ない前の彼自身を、なつかしく、心のなかでふり返った。それは、多くの侍たちに愚弄されている彼である。京童にさへ「何じゃ、この赤鼻めが」と、罵られている彼である。色のさめた水干に、指貫をつけて、飼主のない尨犬のように、朱雀大路をうろついて歩く、憐れむべき、孤独な彼である。しかし、同時にまた、芋粥に飽きたいという欲望を、ただ一人大事に守っていた、幸福な彼である。つまり、芋粥がふるまわれる狐を眺めながら、五位は来ない前の都の彼自身をなつかしくふりかえることになる。

旅路の果てに、五位が二つの世界を見比べたとき、彼は、京の世界を選ぼうとするのである。軽蔑と嘲笑に満ち、貧しくてみじめであるが、胸の奥までは踏み込まれることのなかった、京の世界と、うすら寒く荒涼たる、朔北の世界とを比べたとき、五位は、ここへ来ない前の彼自身を、なつかしみ、幸福であったと思う。

つまり、この物語は、五位は芋粥を飽きるほど食べたいということと、次は五位が、ここへ来ない前の彼自身をなつかしく心の中でふり返ること、この二つが大きくわけて五位の心境の変化が認められるわけであろう。五位はここへ来ない前の彼自身を、なつかしく、心の中でふり返った。それは「芋粥に飽きいたと云ふ欲望を、唯一人大事に守つてゐた、幸福な彼」であった。結局、帰って行くところは日常の五位であろう。五位が求めていたのはそうした人間の問題であり、単に芋粥に飽食することではなかったのではないか。五位はまた「芋粥に飽かむ」ことと同様に手軽で、しかし、彼の一生を貫く欲望を見つけるだろうし、それもまたたやすく破られにちがいない。

朔北の野の荒々しさは、五位をはねつけ、五位は、この世界に生きていく力を持ってはいない。五位の唯一の欲望と、そのために、生きている生は、朔北の野では消滅するしかない。その消滅に立ち会い、別の生を獲得する力は、五位にはない。五位は、失ったものをなつかしみつつ、再び京の世界へ帰ることになるのであろう。

　—彼は、この上芋粥を飲まずにすむと云ふ安心と共に、満面の汗が次第に、鼻の先から、乾いてゆくのを感じた。晴れてはゐても、敦賀の朝は、身にしみるやうに、風が寒い。五位は慌てて、鼻をおさへると同時に銀の提に向つて大きな嚔をした。

『芋粥』は、夜明け、朝で閉じられているといわれている。晴れた朝である。そこには、京における自身へのなつかしさとともに、この上ここで芋粥を飲まずにすむという安心があるといえよう。

以上の考察した結果をまとめてみると、「芋粥を飽きる程飲んで見たい」という五位の欲望を軸として展開されるのであるが、その欲望が五位にとっては人生そのものであったのである。世間から黙殺されて生きる彼の唯一の欲望は、ある女房と別れた5、6年前から生じた芋粥を飽きるほど食べたい、という執着であった。ここで、私は「一つ目の反転」といっておきたい。つまり、それは五位のみじめさ=人生のむなしさが強調されればされるほど、相対的に、「芋粥に飽かむ」という欲望の意味がきわだって重いものになる。五位のアイデンティティはほかならず芋粥に化したものといえるのである。

五位は利仁の館で山の芋二三千本をふんだんに使った大量の芋粥を目の前に出され、口をつけないうちから食欲を失ってしまったというわけである。京では、「万乗の君の食膳にさへ、上せられた」芋粥が、ここでは、巨大な五斛納釜で煮られて、孤にさえふるまわれている。一挙に実現された欲望の達成は、それ以前の努力を無化してしまう。五位は、芋粥を飲んでいる狐を眺めながら、ここへ来ない前の彼自身を、なつかしく、心のなかでふり返った。ここに「二つ目の反転」が表わしたといっておく。

五位はくり返し、「芋粥に飽かむ」ことと同様に手軽で、しかし、彼の一生を貫く欲望を見つけるだろうし、それもまたたやすく破られにちがいないだろう。

d.『手巾』における「二回の反転」の様態

『手巾』は、長谷川謹造先生が「ストリントベルクのドラマトウルギイ」を読んでいるところに始まり、西山夫人の態度とそっくりなハイベルク夫人の「二重の演技」を同じ書中に見出すところで終わる。従って、『手巾』一篇の外郭を支えるのは、長谷川先生と西山夫人のやりとりを限取っている、いわば額縁としての「ストリントベルクのドラマトウルギイ」だということもできよう。

主人公長谷川謹造先生は、東京帝国法科大学教授で、令名ある教育家であり、国際人的視点から日本の文明の堕落を憂えており、日本固有の武士道をもってその救済をなさんと夢みる人物である。主人公長谷川謹造先生が、新渡戸稲造をモデルとすることはよく知られている。その先生の内にアメリカ人の奥さんと岐阜提灯と、すなわち提灯によって代表される日本の文明とその美を理解しているアメリカ人の奥さんとがある調和をもって存在している。それが『手巾』の基本的な世界である。いわば、新渡戸稲造をモデルとする長谷川謹造先生を主人公とし、武士道を提唱する先生と、我が子の死を微笑を浮かべながら報告する西山夫人との出会いを描き、ストリントベルクの「作劇術」を対置して、先生の時代に対する理解力や思想を批判するものである。

後進国として西欧文明を追うために邁進した、近代化イコール西欧化の段階をどうやら脱して、日本主義や伝統主義が台頭する時運の中での新しい人物として造型されているが、その理想主義的限界をも示しており、また、近代日本の精神的堕落を救済するのが望みである。その助けとなるのは、日本固有の武士道だと、先生は考えている。

日本語訳『武士道』は、芥川らが一高に入学する2年前に出版された。そして、翌明治42年1月から、新渡戸は雑誌「実業之日本」の編輯顧問となり、以後、みずからの見識を実践的倫理となすためのプロパガンダとして、平俗な教訓的文章に健筆を揮い始めている。具体的には、日本の武士道によって精神的文明に貢献し、自分で東西両洋の間を結ぶ橋梁になろうと思っている。

ある日先生は、教え子の母、西山篤子の訪問を受ける。婦人は、かねてから入院していた息子の死を報告に来たのだった。先生は、婦人の微笑さえ浮かべる平静な態度に不審を感じる。

> その時、先生の眼には、偶然、婦人の膝が見えた。膝の上には、手巾を持つた手が、のつてゐる。勿論これだけでは、発見でも何でもない。が、同時に、先生は、婦人の手が、はげしく、ふるへてゐるのに気がついた。ふるへながら、それが感情の激動を強ひて抑へようとするせゐか、膝の上の手巾を、両手で裂かないばかりに緊く、握つてゐるのに気がついた。さうして、最後に、皺くちやになつた絹の手巾が、しなやかな指の間で、さながら微風にでもふかれてゐるやうに、繍のある縁を動かしてゐるのに気がついた。—婦人は、顔でこそ笑つてゐたが、実はさつきから、全身で泣いてゐたのである。

西欧へ留学した時に、西洋人が自分の感情をあらわに生きている姿に接して感化されていた先生は、西山夫人の姿にはじめ不可思議だとの感想を抱くが、やがて彼女がテーブルの下で手巾を固く握り締めて悲しみに耐えているのを見出し、心うたれるのであった。ここでは子の死を腹で泣いて顔で笑おうとする古武士的典型的習慣に囚われたる憫れむべき母がある。けれどそこにはもっと見逃がすべからざるあるものがある。それはいうまでもなく驚くべき程度にまで、巧みなる皮肉であろう。この部分をもって私は「一つ目の反転」といっておく。

西山夫人は口許には微笑さえ浮かべながら事実を報告する。が、手はふるえ、手巾を裂かんばかりにかたく握りしめていた。先生はその態度に感動し、「日本の女の武士道」だと思う。それは、現代における精神の堕落を救済し、東西の相互理解を容易にする途として、先生が日常頃提唱している武士道に合致するものであったからである。したがって、この発見は先生の満足をより充足するようにはたらく。そして妻にむかって、これこそ「女の武士道」だと賞賛する。

つまり、先生はふとテーブルの下に、手巾を握りしめながらふるえる婦人の手を見つけ、感情の激動を抑えていることに気づいた。この婦人の態度は、先生の信奉する武士道にかなうものでもあるように思えた。「日本の女の武士道」として、先生には理想的人間像と捉えられている。欧米で生活することの永かった先生には欧米人の感情を直截に表白する姿こそ人間の自然と思われていた。

その夜、先生は奥さんにそれを「日本の女の武士道」だと賞揚し、同情を示した奥さんと西山夫人と岐阜提灯との関係にある倫理的な背景をもった調和を見出して自足した気分に浸っている。東西文明の差異を越えて「日本の女の武士道」によって定立した人間像が、ある調和をそこに現出させたのを確認した先生は、日頃の自説の正しさを再確認して幸福な回想にふけることができたわけである。つまり、先生は、西山夫人に会ったあと、早速その感動を奥さんに告げ、当然奥さんの同情を得る。それで満足した先生は、意識に浮かぶという、幸福な状態に入るのである。

> 奥さんと、さつきの婦人と、それから岐阜提灯と—今では、この三つが、或倫理的な背景を持つて、先生の意識に浮んで来る。

ここにも、やはり、かなり皮肉な語感がこもっている。西山夫人の悲しみと、この幸福な心境との落差がかなり意識的につき出されているのである。

芥川は、武士道愛好者の長谷川先生にストリントベルクを読ませる。学生の読むものにはすべて目を通すという偉大な教育者の努力としてそれを紹介しながら、作者の筆はだんだん皮肉になってゆく。先生が時々岐阜提灯を眺めると、不思議なことに、そうするや否や、先生の思量は、ストリントベルクを離れてしまうという。皮肉である。武士道とストリントベルクというだけでもたいへんな組みあわせだが、そのストリントベルクのドラマツルギーを読む先生が梅幸を知らぬことも暴露される。そして、いわば、中学の英語の教師が、イディオムを探すために、バーナード・ショウの脚本を読むと、別に大した相違はない。が、興味は、曲りなりにも、興味であると、追い撃ちをかける。

ところが、長谷川謹造先生の満足は、自分と妻とが岐阜提灯を間に置いて理解し合っているように、キリスト教精神と合致すると信じている武士道を提唱することによって、自分は東西の橋梁になっているという楽観主義に発している。先生は、岐阜提灯を眺めては、それを愛するアメリカ人の奥さんのことを思い出し、それとともに、提灯によって代表される日本の文明を思う。先生は現代の日本を堕落しつつあるものと認定し、それを日本固有の武士道によって救済しようと思っている。先生によれば、武士道は西洋のキリスト教的精神と一致するところがある。現に奥さんは日本古来のものを愛している。みずから東西両洋の間に横たわる橋梁たらんとしている先生は、そこに、ある調和を感じとって心の和むのを覚えるのである。

その反面、先生が、ストリントベルグの文章を読んで、一種の不安を感じるのは、このあとのことである。

掻いた手は、本を持つてゐた手である。先生は、今まで閑却されてゐた本に、気がついて、さつき入れて置いた名刺を印に、読みかけた頁を、開いて見た。丁度、その時、小間使が来て、頭の上の岐阜提灯をともしたので、細い活字も、さほど読むのに煩はしくない。先生は、別に読む気もなく、漫然と眼を頁の上に落した。ストリントベルクは云ふ。—

—私の若い時分、人はハイベルク夫人の、多分巴里から出たものらしい、手巾のことを話した。それは、顔は微笑してゐながら、手は手巾を二つに裂くと云ふ、二重の演技であつた、それを我等は今、臭味と名づける。……

このように、ストリントベルグの『ドラマトウルギイ』の中で、それと同じようなハイベルグ夫人の演技が「臭味」と決めつけられているのを読んで、先生の心はまた揺らぐのであった。いわば、手巾を握りしめるハイベルク夫人の二重の演技を「臭味」と規定して非難する条を読んだ先生は、「得体の知れない何物」かがその調和を乱すことに気づき、一変して不快な気分に陥っていく。私はここで、この作品での「二つ目の反転」だと命名しておこう。

いわば、それは顔は微笑しながら手巾を裂く二重の演技は臭味というべきもので、俳優の常套手段型のひとつだというのである。先生の心の調和は乱れずにはいられない。西山夫人とハイベルク夫人の、手巾を握りしめる所作は、外見上はたしかに同一であるとしても、一方は「一般道徳上」問題であり、他方は「演出法」に属するものであり、その次元において決定的な相違があるのは当然で、作者もその点に言及しており、無自覚なのではない。それは、西山夫人の姿態は、日本の伝統の中で熟した一つの型であり、近代的視点からは時には批判的にみられる場合があるにせよ、「日本の女」の生きる一般的で具体的な姿であり、決して演技ではない。息子の死をその恩師に告げるというきわめてドラマチックな場面を彼女は生きているのであり、息子の死という人生の重い実質がある以上、それを演技とみることは苛酷にすぎるというものである。一方、ハイベルク夫人の例は、もともと演劇論の中で論じられている演技の問題例なのである。個性的な演技を常に求め続ける近代演劇において、一つの斬新な「型」も、何度もくり返されることによって「臭味」、すなわちマンネリズムに陥って、舞台上での輝きを失う、その点を指弾する例として挙げられているのである。

長谷川先生の自足した精神に何とか一矢を報いてやろうというのが、芥川のねらいにちがいないと思われてくる。実際、彼はそれをこころにみている。それを担当しているのが、両分されたストリントベルクの演技論である。まず長谷川先生がほとんど意味がわからずに読むのは、次の文章である。

> —俳優が最も普通なる感情に対して、或一つの恰好な表現法を発見し、この方法によつて成功を贏ち得る時、彼は時宜に適すると適せざるとを問はず、一面にはそれが楽である所から、又一面には、それによつて成功する所から、動もすればこの手段に赴かんとする。しかし夫が即ち型なのである。……

それから西山に会ったのち、ぶつかるのが次の文章である。

> —私の若い時分、人はハイベルク夫人の、多分巴里から出たものらしい、手巾のことを話した。それは、顔は微笑してゐながら、手は手巾を二つに裂くと云ふ、二重の演技であつた、それを我等は今、臭味と名づける。……

先生が動揺を感じるのは、この後の文章を読んでである。

では、なぜストリントベルクの言葉が先生を動揺させたのか。それは感動した夫人の行為が、型であり臭味だと否定されたからではない。ストリントベルクが指摘しているのは、繰り返されることによって、ひとつの行為が据わりのよい型になっていくことの臭味である。先生は、夫人の内面の自然な表出を、女の武士道と規定し、日本人独自の型の中に位置づけた。そのことへの批判と受け取ったから、先生の安定した内部、満足の情は揺らいだのである。意味づけることによって調和のとれていた場所の動揺、あるいは崩壊であろう。

芥川はおそらくこのような「二つの反転」が設けることによって作品性を高めるようねらっていたと思われる。その作品の渾然としてなんらの破綻をも見せない点においては、むしろ勝れたところが多いかも知れない。

以上の考察した結果をまとめてみると、西山夫人は口許には微笑さえ浮かべながら事実を報告する。が、手はふるえ、手巾を裂かんばかりにかたく握りしめていた。先生はその態度に感動し、「日本の女の武士道」だと思う。この部分をもって私は「一つ目の反転」と言っておく。つまり、「日本の女の武士道」として、先生には理想的人間像と捉えられている。

ストリントベルグの『ドラマトウルギイ』の中で、それと同じようなハイベルグ夫人の演技が「臭味」と決めつけられているのを読んで、先生の心はまた揺らぐのであった。いわば、手巾を握りしめるハイベルク夫人の二重の演技を「臭味」と規定して非難する条を読んだ先生は、「得体の知れない何物」かがその調和を乱すことに気づき、一変して不快な気分に陥っていく。私はここで、この作品での「二つ目の反転」だと命名しておこう。つまり、それは顔は微笑しながら手巾を裂く二重の演技は臭味というべきもので、俳優の常套手段型のひとつだというのである。

西山夫人とハイベルク夫人の、手巾を握りしめる所作は、外見上は確かに同一であるとしても、一方は「一般道徳上」問題であり、他方は「演出法」に属するものである。つまり、西山夫人の姿態は、日本の伝統の中で熟した一つの型であり、近代的視点からは時には批判的にみられる場合があるにせよ、「日本の女」の生きる一般的で具体的な姿であり、決して演技ではない。その一方、ハイベルク夫人の例は、もともと演劇論の中で論じられている演技の問題例なのである。個性的な演技を常に求め続ける近代演劇において、一つの斬新な「型」も、何度もくり返されることによって「臭味」、すなわちマンネリズムに陥って、舞台上での輝きを失う。西山夫人とハイベルク夫人との次元の異なりを無視して、両者の所作の同一性にのみ心を奪われて、両者に東西の断層を見出して、目覚めているのが長谷川先生のである。

e.『戯作三昧』における「二回の反転」の様態

作品は常に馬琴に添って展開されており、時間的にはわずか一日の彼の生活を描写しているだけだが、『馬琴日記鈔』との照合によっても何年間の事項を凝縮している。さらに馬琴=芥川という形で作者その人が当面している諸問題を書き込んでおり、広がりと奥行きが作品に描かれた時間をはるかに超えているのは明らかである。

『戯作三昧』は「天保二年九月の或午前」客でこみ合う「神田同朋町の銭湯松の湯」の描写からはじまるのだが、その混雑のなかに、馬琴も身体を洗っている。ふと身の老いを感じて手をとめた彼は、桶の湯に影をおとした秋の空と、赤い柿の実とをみつめる。

> 老人の心には、この時「死」の影がさしたのである。が、その「死」は、嘗て彼を脅したそれのやうに、忌はしい何物をも蔵してゐない。云はばこの桶の中の空のやうに、静ながら慕はしい、安らかな寂滅の意識であつた。一切の塵労を脱して、その「死」の中に眠る事が出来たならば—無心の子供のやうに夢もなく眠る事が出来たならば、どんなに悦ばしい事であらう。自分は生活に疲れてゐるばかりではない。何十年来、絶え間ない創作の苦しみにも、疲れてゐる。……

これは、心に影をさす「死」にさえ慕わしさを億えるような、深い疲労に侵った精神に陰翳として捉えられる人生の黄昏の、象徴的な表現にほかならない。このような冒頭のこの感懐は、あいだに「塵労」の煩いと馬琴の反撥とをはさんで、末尾の「戯作三昧の心境」といちじるしい対照をなす。

ところで、『戯作三昧』において芥川が提起している問題については、すでに多く説かれているが、まず、芥川が提示している問題は、読者と作品の関わりについてである。銭湯で馬琴を見つけた近江屋平吉が、しきりに馬琴の作品をほめるところからこの問題は始まる。

「どう致しまして、一向結構ぢやございません。結構と云や、先生、八犬伝は愈出でて、愈奇なり、結構なお出来でございますな。」

細銀杏は肩の手拭を桶の中へ入れながら、一調子張上げて弁じ出した。

「船虫が瞽婦に身をやつして、小文吾を殺さうとする。それが一旦つかまつて拷問された揚句に、荘介に助けられる。あの段どりが実に何とも申されません。さうしてそれが又、荘介小文吾再会の機縁になるのでございますからな。不肖ぢやございますが、この近江屋平吉も、小間物屋こそ致して居りますが、読本にかけちや一かど通のつもりでございます。その手前でさへ、先生の八犬伝には、何とも批の打ちやうがございません。いや全く恐れ入りました。」

この近江屋平吉のほめ言葉に対して、馬琴は次のように内省する。

馬琴は黙つて又、足を洗ひ出した。彼は勿論彼の著作の愛読者に対しては、昔からそれ相当な好意を持つてゐる。しかしその好意の為に、相手の人物に対する評価が、変化するなどと云ふ事は少しもない。これは聡明な彼にとつて、当然すぎる程当然な事である、が、不思議な事には逆にその評価が彼の好意に影響すると云ふ事も亦殆どない。

このような馬琴の心情は、いうまでもなく芥川の内面を投射したものである。しかし、芥川は愛読者が自作の本質を正しく評価していたとは考えていなかった。例えば、『小説の読者』(「文芸時報」昭2・3)の中で、「今の小説の読者といふものは、大抵はその小説の筋を読んでゐる」と、その読み方に不満を感じている。芥川は、自作の本質を、近江屋平吉のいう「愈奇なり」というような筋の変化では捉えていなかったのである。そのため、芥川は、小説の筋だけを見る読者が作家志望に変貌した時には、好意とは正反対の嫌悪の感情を吐露するのである。

そして、それは、『戯作三昧』で芥川が提示している批評家に対する姿勢から考えていかなければならない。『戯作三昧』では「眇の小銀杏」が批評家として登場する。

> 「曲亭先生の、著作堂主人のと、大きな事を云つたつて、馬琴なんぞの書くものは、みんなありや焼直しでげす。早い話が八犬伝は、手もなく水滸伝の引写しぢやげえせんか。が、そりやまあ大目に見ても、いい筋がありやす。何しろ先が唐の物でげせう。そこで、まづそれを読んだと云ふ丈でも、一手柄さ。所がそこへ又づぶ京伝の二番煎じと来ちや、呆れ返つて腹も立ちやせん。」

> 「第一馬琴の書くものは、ほんの筆先一点張りでげす。まるで腹には、何にもありやせん。あればまづ寺子屋の師匠でも云ひさうな、四書五経の講釈だけでげせう。だから又当世の事は、とんと御存じなしさ。それが証拠にや、昔の事でなけりや、書いたと云ふためしはとんとげえせん。お染久松がお染久松ぢや書けねえもんだから、そら松染情史秋七草さ。こんな事は、馬琴大人の口真似をすれば、そのためしさはに多かりでげす。」

このように、「眇の小銀杏」の批評は、馬琴の創作態度、あるいはその方法に対してなされたものである。「眇の小銀杏」は先の批評に続けていう。

「そこへ行くと、一九や三馬は大したものでげす。あの手合ひの書くものには天然自然の人間が出てゐやす。決して小手先の器用や生噛りの学問で、捏ちあげたものぢやげえせん。そこが大きに蓑笠軒隠者なんぞとは、ちがふ所さ。」

この「眇の小銀杏」の言葉には眇自身が立脚している文芸上の立場をうかがわせるものが見られる。このような自作に対する批難に対して、芥川は『戯作三昧』で馬琴をして、次のようにいわしめている。

馬琴の経験によると、自分の読本の悪評を聞くと云ふ事は、単に不快であるばかりでなく、危険も亦少くない。と云ふのは、その悪評を是認する為に、勇気が沮喪すると云ふ意味ではなく、それを否認する為に、その後の創作的動機に、反動的なものが加はると云ふ意味である。さうしてさう云ふ不純な動機から出発する結果、屡畸形な芸術を創造する惧があると云ふ意味である。時好に投ずることのみを目的としてゐる作者は別として、少しでも気魄のある作者なら、この危険には存外陥り易い。だから馬琴は、この年まで自分の読本に対する悪評は、成る可く読まないやうに心がけて来た。が、さう思ひながらも亦、一方には、その悪評を読んで見たいと云ふ誘惑がないでもない。

この風呂で、この小銀杏の悪口を聞くようになったのも、半はその誘惑に陥ったからである。どうして己は、己の軽蔑している悪評に、こう煩されるのだろうと、自らの気の弱さを恥じさせている。いわば、馬琴をして語らしめた自作の悪評に対する気持は、馬琴の考え方よりも芥川自身の気持に近いものであった—というよりも芥川の気持そのものであったといえよう。『戯作三昧』における「批評家と作家の問題」は、人並み以上に自作に対する批評を気にしていた芥川の真意が語られているとみてよいであろう。

そして洗湯を出た馬琴は、家に帰る路に、眇のいった悪評を一つ一つ綿密に点検したが、それがすべて愚論であることを確認したものの、不快な気分が残ることは否めなかった。しかし、高い空を仰ぎ、朗らかな鳶の声を聞いて、古今に比倫のない大伝奇『八犬伝』の完成を目指して、天日のごとく歩む自分を思い、自信を取り戻していった。

帰宅してみると、家族は墓参りに出かけた後に、『金瓶梅』の版元である和泉屋市兵衛が持ち受けていた。原稿の依頼である。馬琴は多忙を理由に断るが、和泉屋は何とか原稿を貰おうと、いま世間を賑わせている義賊鼠小僧のうわさを持ち出して、馬琴の好奇心をくすぐり、また同じ作家仲間である種彦や春水などの評判等を抜け目なく聞かせて、馬琴の競争心をあおりたてる。

しかし、馬琴は、作者をまるで自家の職人の如く、和泉屋が横柄に話すのを聞くと、また自分も彼らと同列に扱われていると思って腹立たしく、和泉屋を追い返してしまう。こんな俗世間を相手にして、ますます自分が卑しくなり下っていくことに嫌みを覚えるのであった。

独り寂しく昼食をすませ、書斎に入った馬琴は、不快な気分を鎮めるために、『水滸伝』を開き、その戯曲的な場景に感興をもよおすが、また、ふだんから思っているある疑問のため、不安におちいる。

> 彼は昔から「先王の道」を疑はなかつた。彼の小説は彼自身公言した如く、正に「先王の道」の芸術的表現である。だから、そこに矛盾はない。が、その「先王の道」が芸術に与へる価値と、彼の心情が芸術に与へようとする価値との間には、存外大きな懸隔がある。従つて彼の中にある、道徳家が前者を肯定すると共に、彼の中にある芸術家は当然又後者を肯定した。勿論此矛盾を切抜ける安価な妥協的思想もない事はない。実際彼は公衆に向つて此煮切らない調和説の背後に、

彼の芸術に対する曖昧な態度を隠さうとした事もある。

しかし公衆は欺かれても、彼自身は欺かれない。彼は戯作の価値を否定して「勧懲の具」と称しながら、常に彼の中に磅礴する芸術的感興に遭遇すると、忽ち不安を感じ出した。—

このように、彼は以前から「先王の道」を疑わなかったし、自作を「先王の道」の芸術的表現だと公言していた。だが、「先王の道」が芸術に与える価値と、彼の心情が芸術に与えようとする価値との間には、存外大きなへだたりがあり、そこに解決しようのない矛盾がはらまれている。こうした日頃の疑問がまた頭をもたげたからである。

『戯作三昧』では、この芸術と人生の関わりが次のように提示される。

彼は陰気な顔を片づけて、水滸伝を前にしながら、うまくもない煙草を吸つた。さうしてその煙の中に、ふだんから頭の中に持つてゐる、或疑問を髣髴した。

それは、道徳家としての彼と芸術家としての彼との間に、何時も纏綿する疑問である。彼は昔から「先王の道」を疑はなかつた。彼の小説は彼自身公言した如く、正に「先王の道」の芸術的表現である。だから、そこに矛盾はない。が、その「先王の道」が芸術に与へる価値と、彼の心情が芸術に与へようとする価値との間には、存外大きな懸隔がある。従つて彼の中にある、道徳家が前者を肯定すると共に、彼の中にある芸術家は当然又後者を肯定した。

ここで、馬琴は「『先王の道』の芸術的表現」を自己の使命と確信しているかのようである。しかし、反面、その確信の裏側には、否定し得ない芸術的感興が実体を伴ったものとして存在するのである。つまり、馬琴の内部には、常に道徳と芸術の相剋が疑問として存在し、それが馬琴を不安にしているのである。さらにまた、芥川はこの道徳と芸術の問題に、馬琴と華山の対話を通じて、芸術と政治の問題も絡ます。そこに、プロレタリア文芸の台頭を感取する芥川の慧眼を指摘する人もあろう。

道徳家と芸術家との矛盾は、芥川自身の問題として、根強く存し、彼をしばしば苦しめていたのであった。芸術の絶対を誰よりも強く信じた芥川は、同時に、人一倍現実の人間関係を気にする性質を与えられていた。『戯作三昧』に登場する作家志望者は長島政兵衛という人物である。

> この男はその手紙によると、二十一の年に聾になつて以来、廿四の今日まで文筆を以て天下に知られたいと云ふ決心で、専ら読本の著作に精を出した。八犬伝や巡島記の愛読者である事は云ふまでもない。就いてはかう云ふ田舎にゐては、何かと修業の妨になる。だから、あなたの所へ、食客に置いて貰ふ訳には行くまいか。それから又、自分は六冊物の読本の原稿を持つてゐる。これもあなたの筆削を受けて、然るべき本屋から出版したい。

これは、政兵衛の手紙のあらましである。馬琴は、この男の希望に対して、彼が耳が不自由であることに同情し、丁重な言葉での断りの返信を送るが、馬琴の善意にかかわらず、政兵衛は馬琴の読本のみならず、人格までも否定するような手紙を書き送ってくるのである。ここに至って、馬琴は、政兵衛に対して、「自分の読本が貴公のやうな軽薄児に読まれるのは、一生の恥辱だ」という痛烈な嫌郡の姿勢を見せるのである。

また、このように、政兵衛に対して馬琴が「自分の読本が貴公のやうな軽薄児に読まれるのは、一生の恥辱だ」という手厳しい文句を入れたというのは、「あんな連中に僕の小説がよまれるんだと思ふと実際悲観してしまひます。僕はもう少し高等な人間の高等な精神的要求を充す為に書いてゐるんですがね」(大6・9・28付 芥川文宛)という芥川の気持と照応するものである。

そこへ折よく、先日貸した本の返却かたがた、渡辺華山が訪れて来た。昨日描き上げたという『寒山拾得』の絵を馬琴に見せるが、一つの作品を仕上げたという充足感にみちている華山を相手にしていると、馬琴は未完成のままの『八犬伝』に想いが戻っていく。二人は先人の達成した芸術、また現在自分たちが抱えている芸術上の苦労や不安を語り合うが、芸術と討死の覚悟をしているお互いの気持の交流に、一種の力強い興奮を共感するのであった。

しかし、話題が改名主という図書検閲官の件になると、その横暴をののしるのであった。無理解な検閲のための改作、発禁という政治と文学のと相克の上で、華山の冗談のような「討死」という言葉が口から出た時、日頃彼が持っている過激な政治上の意見を思い合わせ、馬琴は不安気につぶやいた。まず若い者は、生きのこる分別をすることである。討死はいつでも出来るからと述べている。華山が帰った後、八犬伝の稿をつぐべく馬琴は机に向かい、すでに書いた原稿を読み返す。

> 彼が数日を費して書き上げた何回分かの原稿は、今の彼の眼から見ると、悉く無用の饒舌としか思はれない。彼は急に、心を刺されるやうな苦痛を感じた。(中略)「これは始めから、書き直すより外はない。」

馬琴が妬ましさを覚えたほどに自分の絵のことばかり考えている華山の気魄と虚心に画かれた『寒山拾得』の絵が、毀誉に煩わされる心故に芸術家本来の姿から遠退いていた馬琴の眼の曇りを取り除いたのであろう。

一切の塵労を脱して、その「死」の中に眠る事が出来たならば—無心の子供のやうに夢もなく眠る事が出来たならば、どんなに悦ばしい事であらう。(中略)「己の八犬伝は必ず完成するだらう。さうしてその時は、日本が古今に比倫のない大伝奇を持つ時だ」

自らにいい聞かせることによって恢復した自信を労わらねばならぬまでに気力の衰弱した彼に、書き直す勇気の持てるわけがない。馬琴は机の前に身を横えたまま、親船の沈むのを見る、難破した船長の眼で、失敗した原稿を眺めながら、静に絶望の威力と戦いつづける。

このように、銭湯での悪罵や金しか念頭にない和泉屋など人生の残滓にほかならず、それとは対照的な華山来訪の場面があるとはいうものの、—小説はほぼこういう形で進行するのだが、ここまでの馬琴をいらだたせているのは、芸術家の実生活にまつわる、さまざまな不快や煩忙である。

太郎が登場するまで作品世界を覆っていた重苦しい雰囲気は、まさしく「八犬伝の著者」の倦怠感、孤独感、不快感に支配された内面にほかならない。「彼はまづさうに煙草を吸いながら、とうゝこんな理窟を云ひ出した」、「彼は陰気な顔を片づけて、水滸伝を前にしながら、うまくもない煙草を吸つた」といった煙草を吸う様子の些細な表現にも、馬琴の苦渋に満ちた心の内は確実に描き出されている。

先を書きつづける前に、昨日書いた所を一通り読み返すのが、彼の昔からの習慣である。そこで彼は今日も、細い行の間へべた一面に朱を入れた、何枚かの原稿を、気をつけてゆつくり読み返した。

このような叙述からは、八犬伝の執筆は進んでいるかに見える。しかし、「八犬伝は不相変、捗がお行きですか」と問う華山に、「いや、一向捗どらんで仕方がありません」と答えたのは、謙辞ではなく、馬琴の本心であったはずである。捗らぬ『八犬伝』のことが絶えず胸に重くのしかかっているが故に、銭湯で濁った止め桶の湯に映った窓外の景色に眼を落したときに、心に差したそれまで彼を脅かしていた「死」の影を、馬琴は慕わしく思ったのであろう。めずらしく朝湯に出かけたのも、近松屋平吉が話しかけてきて『八犬伝』を誉めそやしたときに巧みに話頭を転換したのも、自分の読本に対する悪評は、なるべ読まないように心がけて来たのに風呂で眇の小銀杏の悪口に耳を傾けてしまったのも、同様の理由からであると考えられる。

華山退場の後には、孫の太郎が登場する。母のお路と祖母と一緒に仏参に出掛けていた太郎は、帰ってくるなり、執筆中は家内の誰も入って来ない書斎の襖を開け、馬琴の膝の上へ勢いよく飛びのる。

つまり「十三」節で、馬琴が彼自身の実力が根本的に怪しいような、忌わしい不安を禁じることができず、静かに絶望の威力と戦いつづけているときに、太郎が突然彼の前に姿を見せる。

> 馬琴の心に、厳楽な何物かが刹那に閃いたのは、この時である。彼の唇には幸福な微笑が浮んだ。それと共に彼の眼には、何時か涙が一ぱいになつた。この冗談は太郎が考へ出したのか、或は又母が教へてやつたのか、それは彼の問ふ所ではない。この時、この孫の口から、かう云ふ語を聞いたのが、不思議なのである。
>
> 「観音様がさう云つたか。勉強しろ。癇癪を起すな。さうしてもつとよく辛抱しろ。」
>
> 六十何歳かの老芸術家は、涙の中に笑ひながら、子供のやうに頷いた。

このように、芥川は、馬琴の眼に映る愛らしい太郎の表情と仕草を生き生きと写し出しながら、孫と祖父のほほえましい会話をゆったりとした筆致で描いている。最後に「浅草の観音様がさう云つたの」といって、自分が語った馬琴への励ましの言葉を、それとは理解しえていない太郎は、うまく祖父をかついだ面白さに小さな手を叩きながら、ころげるようにして母のいる茶の間の方へ駆けて行く。

馬琴における一人の孫、太郎である。太郎だけが子供のみが持っている大胆と率直とをもって馬琴に直接触れるのであり、そのとき、馬琴の顔には別人のような悦びが輝いたのである。馬琴がその感激にひたる契機—孫太郎の言葉—の不自然な唐突さについては、多くの指摘がなされている。が、問題は、天啓のような唐突さよりも、孫に対してひとしお甘い老人という構図の陳腐さにあるのではないか。純粋な幼少の孫と、孫の何でもない言葉に涙する老人と、馬琴はどこにでもいるありきたりの老人になりさがっている。

芥川は、いわばこの肝心な場面で、いかにも陳腐な観念の構図にもたれかかってしまった。作家固有の内的領域をくぐりぬけていない、ありふれた契機が導く世界など、もともとたかが知られている。

　もしこの時、彼の後の襖が、けたたましく開放されなかつたら、さうして「お祖父様唯今。」と云ふ声と共に、柔かい小さな手が、彼の頚へ抱きつかなかつたら、彼は恐らくこの憂欝な気分の中に、何時までも鎖されてゐた事であらう。

太郎が馬琴を幸福の意識に溺れさせ、彼の「強大な『我』」を打ち砕かなければ、戯作三昧の心境を味到することなど、馬琴にはできなかったにちがいないのである。

このように、その夜馬琴は孫の言葉に励まされながら八犬伝の稿を書きつづけるうち、もはや利害も愛憎もない、恍惚たる戯作三昧の境地に没入する。芸術家としての馬琴の孤独を際立たせ、戯作三昧の境地を相対化するものとして理解されている。従って、私はここを「一つ目の反転」であると命名しておこう。

すなわち、孫の冗談を聞いた瞬間の馬琴の描写から始まる。

> 馬琴の心に、厳楽な何物かが刹那に閃いたのは、この時である。彼の唇には幸福な微笑が浮んだ。それと共に彼の眼には、何時か涙が一ぱいになつた。

その夜、馬琴は薄暗い光の中で、一心に八犬伝の稿を継ぎ始めるのである。このように、太郎の話を聞いて厳楽な何物かが心に閃いた馬琴は、その夜一心に創作に打ち込む。彼の意識は次第に日常的なあり方から離脱し、「神来の興」である「光の靄に似た流れ」と合一するに至る。太郎の語った冗談が芸術家として破滅に瀕していた馬琴を救う。祖父をかつぐ目的で太郎が口にした冗談であるからこそ、その一つ一つの語が啓示のように馬琴の心に滲んでいたともいえるだろう。

その一方、作品の結末に目を向けてみると、馬琴の孤独な王者としての姿を描きことによって作品を閉じず、芥川は、同じ屋根の下の茶の間で、これはまたきわめて日常的な営為を続ける家族達を点描して作品を締めくくっているのである。

すなわち、利害・愛憎・毀誉に煩わされる心などを止揚して、馬琴が到達した恍惚たる悲壮の感激を描き、戯作者の厳かな魂を語った作品のクライマックスに続けて、芥川は茶の間に目を転じて、家族達の一景を以下のように描きとめている。

馬琴が『八犬伝』の執筆に没頭している間の茶の間の情景を描いて小説は閉じられる。行灯のまわりで、お百とお路が向い合って縫物を続け、少し離れた所で宗伯が丸薬をまろめている。

「お父様はまだ寝ないかねえ。」
やがてお百は、針へ髪の油をつけながら、不服らしく呟いた。
「きつと又お書きもので、夢中になつていらつしやるのでせう。」
お路は眼を針から離さずに、返事をした。
「困り者だよ。碌なお金にもならないのにさ。」
お百はかう云つて、倅と嫁とを見た。宗伯は聞えないふりをして、答へない。お路も黙つて針を運びつづけた。蟋蟀はここでも、書斎でも、変りなく秋を鳴きつくしてゐる。

みごとに日常的な風景である。このように、「困り者だよ。碌なお金にもならないのにさ」というお百のことばに示される日常的な人生が顔を出す。そのため、「蟋蟀はこゝでも、書斎でも、変わりなく秋を鳴きつくしてゐる」という自然の一行が最後に姿をあらわすのである。

この家族達の生活の描出は、単に芥川作品によくあるおちとしての客観描写としてかたづけてしまってよいものではなく、『戯作三昧』においては、それなりにかなり重い意味をもつ不可欠の部分のように考えられる。お百は馬琴に直接それをいわず、茶の間で倅と嫁にいうのか。つまり、なぜ、そのような構造を取ったのかという問題である。その馬琴の孤独な王者の姿と並べて、同じ屋根の下の茶の間では、家族たちがこれはまたきわめて日常的な営為を続けており、妻女の口からは馬琴への苦言も聞こえてきている。

このように、芥川が、創作三昧に没入して、日常的なすべてを忘却している王者のような馬琴の描写をもって作品を閉じずに、それと対比的な家族の姿をもって結びとしたのは、単に芥川作品に通有のパターンの問題として片づけるべきではあるまい。この茶の間の情景は、お百の言葉にもうかがえるように、書斎で創作三昧に耽り、王者のようになっている馬琴の絶対的な在り方を相対化してしまうものであり、芸術家としての彼に対する生活の側からの視点の設定にほかならない。

突然書斎に入って来た孫の太郎の言葉によって目を開かれた彼は、その夜創作三昧の境に没頭したのである。書斎では、創造者として絶対的な存在感を獲得した馬琴であるが、茶の間に集まった老妻お百には「困った人」といわれ、芸術家としてのあり方が相対化されてしまっている。お百とお路と宗伯のいる風景が、馬琴の戯作三昧を逆照射して、その孤独な栄光をより強調するという効果も否定できない。

しかし、同時に、馬琴がやがて帰ってゆく世界を、読者が見てしまったのも事実である。「戯作三昧」の夜はいつか明けるという相対化はまぬがれない。

> お百はかう云つて、倅と嫁とを見た。宗伯は聞えないふりをして、答へない。お路も黙つて針を運びつづけた。蟋蟀はここでも、書斎でも、変りなく秋を鳴きつくしてゐる。

悠久な自然に包摂された人間の生の営みとして、黙々と針仕事をしているお路と創作に夢中になっている馬琴の姿とを眺める、作者のまなざしを感じさせる。これこそ日常の瑣事であり、人生である。創作三昧に没入して日常的な全てを忘却している馬琴の描写に、縫物をしたり、丸薬作りに励む、現実的な営みに勤しんでいる家族の姿を並記することによって、芸術家の生の至純な姿、創作三昧という恍惚たる悲壮の時間を生きることさえ、「困り者」として相対化してしまう現実的なものの残余を描き、それによって芸術家の実相、その至上性の有つ限定的性格を、芥川は正確に捉え描出していたわけである。ここに私は「二つ目の反転」といっておこう。

このように、『戯作三昧』最終章(十五)の光景を抽出してみると、それは家庭という観念にとって、いかにもなじみの風景である。そこにおさだまりの家庭不和が生じ、通俗的なホームドラマが展開されても、いっこう不思議はない。生活的現実をすべて忘却して創作三昧という恍惚たる悲壮の感激の時間を生きることさえ、「困り者」として相対化されてしまう、近代市民社会における芸術家の実態、換言すれば芸術至上主義の限定性を正確に表現していたということであろう。

以上の考察した結果をまとめてみると、銭湯での悪罵や金しか念頭にない和泉屋など人生の残滓にほかならず、それとは対照的な華山来訪の場面があるとはいうものの、ここまでの馬琴をいらだたせているのは、芸術家の実生活にまつわる、さまざまな不快や煩忙である。こういう中で、母のお路と祖母と一緒に仏参に出掛けていた太郎は、帰ってくるなり、執筆中は家内の誰も入って来ない書斎の襖を開け、馬琴の膝の上へ勢いよく飛びのる。最後に「浅草の観音様がさう云つたの」といって、自分が語った馬琴への励ましの言葉を、それとは理解しえていない太郎は、「うまく祖父をかついだ面白さに小さな手を叩きながら、ころげるやうにして」母のいる茶の間の方へ駆けて行く。純粋な幼少の孫と、孫の何でもない言葉に涙する老人と、馬琴はどこにでもいるありきたりの老人になりさがっている。私はここを「一つ目の反転」であると命名しておこう。

その夜馬琴は孫の言葉に励まされながら八犬伝の稿を書きつづけるうち、もはや利害も愛憎もない、恍惚たる戯作三昧の境地に没入する。その夜、馬琴は薄暗い光の中で、一心に八犬伝の稿を継ぎ始めるのである。このように、太郎の話を聞いて厳楽な何物かが心に閃いた馬琴は、その夜一心に創作に打ち込む。利害・愛憎・毀誉に煩わされる心などを止揚して、馬琴が到達した恍惚たる悲壮の感激を描き、戯作者の厳かな魂を語った作品のクライマックスに続けて、作者は茶の間に目を転じて、家族達の一景を描きとめている。つまり、「困り者だよ。碌なお金にもならないのにさ」というお百のことばに示される日常的な人生が顔を出す。そのため、「蟋蟀はこゝでも、書斎でも、変わりなく秋を鳴きつくしてゐる」という自然の一行が最後に姿をあらわすのである。ここに私は「二つ目の反転」と言っておこう。創作三昧に没入して日常的な全てを忘却している馬琴の描写に、縫物をしたり、丸薬作りに励む、現実的な営みに勤しんでいる家族の姿を並記することによって、芸術家の生の至純な姿、創作三昧という恍惚たる悲壮の時間を生きることさえ、「困り者」として相対化してしまう現実的なものの残余を描き、それによって芸術家の実相、その至上性の有つ限定的性格を、芥川は正確に捉え描出していたわけである。

f.『蜜柑』における「二回の反転」の様態

まず、作品のあらすじは暗澹たる、疲労と倦怠にうちひしがれた心理が語られる。置きざりにされた檻に入られた小犬の姿がふしぎなほど、ぴったりとする気もちである。ある曇った冬の日暮れ、見送りの人影さえ跡を絶って、ただ、檻に入られた小犬が一匹、時々悲しそうに、吠え立てている暗いプラットフォームに、発車の笛を「私」は待っている。「私」の頭の中にはいいようのない疲労と倦怠とが、まるで雪曇りの空のようなどんよりした影を落としていた。

主人公の「私」が横須賀発上り二等客車に乗っている以上、列車は目的地まで彼を運ぶのに相違いないが、主人公の精神にとっては、やはり行きくれているといってよいほどのものがある。

> 私の頭の中には云ひやうのない疲労と倦怠とが、まるで雪曇りの空のやうなどんよりした影を落してゐた。私は外套のポツケツトへぢつと両手をつつこんだ侭、そこにはいつてゐる夕刊を出して見ようと云ふ元気さへ起らなかつた。

「私」は作者自身と思われる、人生に倦怠を覚えている男性である。彼にとって、もはや人生は倦怠と疲労とをもたらすものにほかならない。そのプラットフォームを後に、やがて汽車は動き始めるが、その時、そこにだらしのない三等の赤切符をにぎった田舎娘が、しかも場ちがいの、入ってはならない二等室に入って来る。繊細な神経をもっている都会人の「私」にはこれはたえがたい不快さである。そして新聞をひらけば卑俗な記事のみである。

> この隧道の中の汽車と、この田舎者の小娘と、さうして又この平凡

な記事に埋つてゐる夕刊と、—これが象徴でなくて何であらう。不可解な、下等な、退屈な人生の象徴でなくて何であらう。

「私」はその小娘の垢じみたみすぼらしい外貌や、二等と三等の区別さ辯えない愚鈍な心を不快に思い、手にしていた夕刊を埋め尽くしている卑俗な現実を人間にしたのが眼の前に坐っている小娘であるかのようにすら思う。しかし、そこにもあまりに平凡な出来事ばかりが索漠とした記事になっているのみであり、「私」の心は沈んでいく。

このように、『蜜柑』でのいいようのない疲労と倦怠に満ちた憂欝は、曇天、小娘、夕刊の記事といった認識対象とともに、作品の情調を形成している。一種の非現実の影を帯びた風景のなかに、「私」はその風景に似つかわしい疲労と倦怠を抱いて座っている。そこが『蜜柑』の発端である。

やがてはじまる無言のドラマのためのモラトリアムであろう。もちろん、風景は「私」の孤独な心情に束の間の慰籍さえあたえない。彼はこのとき、みずからの内なる虚無を見ている。そのため、「発車の笛」に—無人の風景からの出発を告げる合図に、かすかな心の寛ぎをさえ感じたのである。

まもなく、その小娘が「私」の近くに席を移して、トンネルが多いにもかかわらず車窓を開けようとする。一所懸命に重い窓を開けようとしているその姿に幾分ながら同情したものの、その気まぐれな行為の動機が理解できず、「私」は腹の底に依然として険しい感情を蓄えながらそれを冷酷な眼で眺める傍観者の姿勢を守り続けていた。

つまり、丁度汽車がトンネルへ入るのと同時に、その車窓が開いたために、そこから流れ込んだ煤を溶かしたようなどす黒い空気を満面にあびることになった「私」は、小娘を頭ごなしに叱りつけようとしたのであった。

> 元来咽喉を害してゐた私は、手巾を顔に当てる暇さへなく、この煙を満面に浴びせられたおかげで、殆息もつけない程咳きこまなければならなかつた。が、小娘は私に頓着する気色も見えず、窓から外へ首をのばして、闇を吹く風に銀杏返しの鬢の毛を戦がせながら、ぢつと汽車の進む方向を見やつてゐる。その姿を煤煙と電灯の光との中に眺めた時、もう窓の外が見る見る明くなつて、そこから土の匂や枯草の匂や水の匂が冷かに流れこんで来なかつたなら、漸咳きやんだ私は、この見知らない小娘を頭ごなしに叱りつけてでも、又元の通り窓の戸をしめさせたのに相違なかつたのである。

このように、小娘と対立的な「私」のあり様が、傍観者としての静的なものから、当事者としての動的な明確なものへと変化しようとしていたわけである。繊細な神経をもっている都会人の「私」にはこれはたえがたい不快さである。

この隧道の中の汽車と、この田舎者の小娘と、そうしてまたこの平凡な記事に埋っている夕刊と、―これが象徴でなくて何であらう。「私」の不愉快は絶頂に達する。とたんに汽車はトンネルをぬけ出て、あたりが急に明るくなる。

しかし、窓外は相変わらず索漠とした冬景色である。「私」に「疲労と倦怠」などを忘れさせてくれたのは「僅に」のことであり、一時は「私」の眼に別人のように映じた小娘も、相変わらずであろう。

> 小娘は何時かもう私の前の席に返つて、不相変皸だらけの頬を萌黄色の毛糸の襟巻に埋めながら、大きな風呂敷包みを抱へた手に、しつかりと三等切符を握つてゐる。…………

このように、東京に出てからの彼女自身如く、明暗交々の悲喜劇であることが予想されよう。「私」と小娘とを乗せた汽車が、トンネルの多い鉄路を走り続けているのは、その意味できわめて象徴的であるといえよう。私はここに「一つ目の反転」といっておく。

その一方、見送りに来てくれた弟たちの労に報いるために、小娘が車窓から投げ与えた蜜柑の輝きは、「私」の前に次のような展開をもたらしている。

窓から半身を乗り出してゐた例の娘が、あの霜焼けの手をつとのばして、勢よく左右に振つたと思ふと、忽ち心を躍らすばかり暖な日の色に染まつてゐる蜜柑が凡そ五つ六つ、汽車を見送つた子供たちの上へばらばらと空から降つて来た。私は思はず息を呑んだ。さうして刹那に一切を了解した。小娘は、恐らくはこれから奉公先へ赴かうとしてゐる小娘は、その懐に蔵してゐた幾顆の蜜柑を窓から投げて、わざわざ踏切りまで見送りに来た弟たちの労に報いたのである。

娘の投げた蜜柑は町はずれの陰惨たる風物のなかに、あざやかな一枚の絵を現前した。

暮色を帯びた町はづれの踏切りと、小鳥のやうに声を挙げた三人の子供たちと、さうしてその上に乱落する鮮な蜜柑の色と—すべては汽車の窓の外に、瞬く暇もなく通り過ぎた。が、私の心の上には、切ない程はつきりと、この光景が焼きつけられた。

おそらくは誰かの貧しい餞別の品と思われる蜜柑が、彼女の気持ちを包んで暖かい日の光の色に輝いて弟たちの上に乱落した、その一瞬の美しさを捉えたものであり、もちろんその瞬間の美と感動とがなくては成立しない作品であろう。重要なのは、心を躍らすばかり暖な日の色に染まっている蜜柑だけではない。それは「私」の心象の眼がとらえた構図のなかでのみ、あざやかな意味が附与される。

つまり、乱落する蜜柑の暖色に刹那の感動がみられるのはたしかであるが、しかし、刹那の感動ではもはや代換しえない人生の倦怠の、暗く重い広がりを正しくみるべきであろう。明るい蜜柑の肌の色だった。粗野な小娘の野生の中の純情が、いくつかの蜜柑に象徴されて、蕭索たる、又陰惨たる風景の中に乱落する風景は美しい。だけど、その次にくる日常現実、つまり娘はあいかわらず、ひびだらけの赤い頬をして、手に三等切符を握りしめている、みすぼらしい田舎者に過ぎないのである。それは蜜柑の明るい輝きが、この小娘の一生を貫く想い出になることはもはやないのであり、トンネルの多い鉄路に似て、明暗交々の生活がはてしなくくり返されるだけである。「刹那の感動」もすでに人生の一刻を彩るだけである。ここに私は「二つ目の反転」といっておく。

このように、この「蜜柑の色」による感動は、一瞬の現象でしかなく、そこに永遠を内包する「刹那の感動」とは異なるものであるといってもよいかもしれない。

以上の考察した結果をまとめてみると、まず暗澹たる、疲労と倦怠にうちひしがれた心理が語られる。その時、そこにだらしのない三等の赤切符をにぎった田舎娘が、しかも場ちがいの、入ってはならない二等室に入って来る。繊細な神経をもっている都会人の「私」にはこれはたえがたい不快さである。そして新聞をひらけば卑俗な記事のみである。丁度汽車がトンネルへ入るのと同時に、その車窓が開いたために、そこから流れ込んだ煤を溶かしたようなどす黒い空気を満面にあびることになった「私」は、「殆息もつけない程咳きこまなければなら」ぬ状態になり、小娘を頭ごなしに叱りつけようとしたのであった。とたんに汽車はトンネルをぬけ出て、あたりが急に明るくなる。しかし、窓外は相変わらず索漠とした冬景色である。「私」に「疲労と倦怠」などを忘れさせてくれたのは「僅に」のことであり、一時は「私」の眼に「別人」のように映じた小娘も、相変わらずであろう。「私」はいずれは繰返しの多い日常的現実、「不可解な、下等な、退屈な人生」の中へ帰っていくのであり、小娘もトンネルの多い鉄路さながらに、明暗交々現実に、すなわち幸福な日の後には暗い現実に沈み込む生活に、そしてやがてそれが日常化して「退屈な人生」に帰着していくことになる。私はここに「一つ目の反転」といっておく。

見送りに来てくれた弟たちの労に報いるために、小娘が車窓から投げ与えた蜜柑の輝きは、「私」の前に次のような展開をもたらしている。おそらくは誰かの貧しい餞別の品と思われる蜜柑が、彼女の気持ちを包んで暖かい日の光の色に輝いて弟たちの上に乱落した、その一瞬の美しさを捉えたものである。だからこそ、瞬時に消えた絵が美しかったのである。この「蜜柑の色」が輝いた一瞬こそ、まさに「刹那の感動」そのものにほかならないわけだが、暗い人間、人生認識から出発して、暖かな日の色に染っている蜜柑の発見に至った。だから、「私はこの時始めて、云ふやうのない疲労と倦怠とを、さうして又不可解な、下等な、退屈な人生を僅に忘れる事が出来たのである」。しかし、「刹那の感動」ではもはや代換しえない人生の倦怠の、暗く重い広がりを正しくみるべきであろう。その次にくる日常現実、つまり娘はあいかわらず、ひびだらけの赤い頬をして、手に三等切符を握りしめている、みすぼらしい田舎者に過ぎないのである。それは蜜柑の明るい輝きが、この小娘の一生を貫く想い出になることはもはやないのであり、トンネルの多い鉄路に似て、明暗交々の生活がはてしなくくり返されるだけである。ここに私は「二つ目の反転」といっておく。

g.『一塊の土』における「二回の反転」の様態

『一塊の土』は、お住という老女が倅仁太郎と死別した時にはじまり、嫁のお民が腸チブスにかかって死ぬまでの九年間余の出来事を描いている。足かけ八年、腰抜け同様に床に就いていた倅の仁太郎が死んで、「後生よし」のお住と、倅の嫁お民、そして孫の広次の三人が残された。『一塊の土』はこの三人の生活の中に展開する世界である。

ところが、長患いの亭主は厄介な病人というだけでなく、労働力のマイナスをもたらす無用の存在なのである。そのため、相変わらず働きつづけるお民に対し、お住が甥の与吉を婿にとすすめるが、お民は「此処の家の田地は二つにならずに、そつくり広の手に渡るだものう」と承知せず、以前にも増して烈しい働きぶりを示す。「だがのう、お民、お前今の若さでさ、男なしにやゐられるもんぢやなえよ」とお住はいうが、このお民の若さという設定が、いっそうお民の男抜きの烈しい仕事ぶりを強調することになっている。

再婚を拒むお民は、その代償として、自身を労働力の軸とすること、いわば男=夫としての役割をひきうけなければならない。お住も、お民の決意をうけいれ、妻としての役割を承認する。妻としての労働に耐ええないまでにお住が老いたとき、蜜月は崩解する。

あらためて、お民に再婚をすすめるお住の心情は、はるかに痛切である。お住は、いわば病める仁太郎への転落をたえず強いられ、お民に婿を当がう—お民を本来の妻の役割にもどすことで、危機を切り抜けようとする。しかし、お民は、彼女の魂胆を見抜いて容赦しない。未明から晩方まで土まみれとなり、骨身を惜まず、野良や山の仕事一切をやり通していくのである。他の仕事は何でも、風呂焚き、籾干し、牛の始末、勝手仕事、みな姑のお住に押しつけた。自分自身の腰巻さえ滅多に洗うこともなかった。

芥川はそこには「広の為」という一念だけでなく、不毛の山国から移住して来た「渡りもの」の娘であるとし、「遺伝の力」をもつけ加えている。そこに描かれているヒューマン・コメディは、持ち運びできない財産=土地と結びついた農民であることを不可欠の条件とする。

いわば、お住自身にとって、不愉快ではなかった婿取りの断念以後、お民の異状なまでの労働意欲の高まり—それは「稼ぎ病」による金銭への執着でもあったが—によって姑と嫁との立場は完全にその力関係の上において逆転してしまった。こうしたくだりがあることによって、逆に、お住の苦しみは読者に強く訴えるのである。子供は姑にまかせてただ働きに働くお民の様子とその性格、そしてその分だけ子供と家事とを引き受けねばらならぬお住の境遇を示すことになっているのである。

> お民は愈骨身を惜しまず、男の仕事を奪ひつづけた。時には夜もカンテラの光りに菜などをうろ抜いて廻ることもあつた。お住はかう云ふ男まさりの嫁にいつも敬意を感じてゐた。いや、敬意と云ふよりも寧ろ畏怖を感じてゐた。(中略)しかしお民の「稼ぎ病」は容易に満足しないらしかつた。お民は又一つ年を越すと、今度は川向うの桑畑へも手を拡げると云ひはじめた。

お住は片時でも留守居役の苦しみを逃れたさに、再び婿を取る話を持ち出し、葬式の墓穴掘りにも男手がいると説くが、「掘り役にはわしが出るわね」といわれ、さらに、「お前さん隠居でもしたくなつたんぢやなるまえね?」と釘を刺されてしまう。

ところが、お民の当てこすりや小言に「彼女は言葉も返さず、ぢつと苦しみに堪へつづけた」のは、一つには忍従に慣れた精神、二つには孫の広次が母よりも祖母の彼女になついでいたからだとある。しかし、少なくとも、お民の労働の継続が、家事にかかわるお住の苦しみの継続となってはねかえることが明瞭となる。

そして若後家、「若い小母さん」から後には嫁の手本、貞女の鑑となったお民に関し、学校から広次が近所に二人とない偉い人という先生の話を聞いてきたことによって、お住は発作的に怒りに襲われる。

> お前のお母さんと云ふ人はな、外でばつか働くせえに、人前は偉く好いけんどな、心はうんと悪な人だわ。おばあさんばつか追ひ廻してな、気ばつか無暗と強くつてな、……」(中略)しかしだんだん云ひ募るうちに、お民は冷笑を浮べながら、「お前さん働くのが厭になつたら、死ぬより外はなえよ」と云つた。するとお住は日頃に似合はず、気違ひのやうに吼り出した。丁度この時孫の広次は祖母の膝を枕にしたまま、とうにすやすや寝入つてゐた。が、お住はその孫さへ、「広、かう、起きろ」と揺すり起した上、いつまでもかう罵りつづけた。
>
> 「広、かう、起きろ。広、かう、起きて、お母さんの云ひ草を聞いてくよう。お母さんはおらに死ねつて云つてゐるぞ。な、よく聞け。

このように、お民の果てしない労働の継続は、貞女の鑑にまで至り、それと同時にお住の苦しみも絶頂に達したわけである。お民が働けば働くほど、お住の幸福は遠去かり嫁と姑の対立するこの百姓一家の幸福は成り立ちえない。

二人の一体化の亀裂とともに、お住の増悪は果てもなく増幅され、屈折し、内攻してゆく。彼女の憎しみは無慈悲で情知らずのお民だけでなく、お民を「貞女の鑑」として賞讃する世間の誤解にもむけられていて、それが耐えようもなく爆発したとき、破局はちかい—小説はこういう形で進行して、やがて、お民の唐突な死による収束を迎えることになる。つまり、「どうあつても死ぬだ」と言っていたお住が死なず、丈夫自慢のお民が鍛治屋の葬式の墓穴掘りに行ってチフスに感染、発病後8日目に死んでしまうのは、運命の皮肉というべきであろうが、お民の葬式の日は雨降りだったにもかかわらず、村長はじめ村民「一人も残らず」会葬し、「一人も残らず」お民を惜しみ、広次・お住を憐んだとある。

それは、また「倅の死」から「嫁の死」とお住の視点からの一種の額縁になっているのも見逃せない。つまりそのお民の死は、お住の上へ大きい幸福をもたらした。

> お民の死は確かに彼女の上へ大きい幸福を齎してゐた。彼女はもう働かずとも好かつた。小言を云はれる心配もなかつた。其処へ貯金は三千円もあり、畠は一町三段ばかりあつた。これからは毎日孫と一しよに米の飯を食ふのも勝手だつた。日頃好物の塩鱒を俵で取るのも亦勝手だつた。

貯金は三千円もあり、畠は一町三段ばかり、米の飯を食うのも好物の塩鱒を俵で買うのも勝手となったお住はたしかに幸福な存在となった。足かけ八年、腰ぬけ同様に床についていたせがれが死んでくれて、はじめてほっと息をつく老女である。強情に後家を立て通して、姑を楽にするよりも、幸い目に遭わせる貞女烈婦である。その嫁が死んで、またほっと息をつく姑の情けなさである。

すなわち、お住をおそう孤独な情なさも、人間存在のかかえこむ業の哀れを彷仏してみごとである。お民の賑やかな葬送を終えた夜、お住は「大きな幸福」をめぐまれた安堵と解放感をすこしも隠そうとしない。ここに「一つ目の反転」といっておく。

血をわけた倅の葬式のすんだ夜の記憶と、一人の孫を産んだ嫁の葬式のすんだ夜の思いは、彼女と悪縁を結んだ情ない人間の死を感じさせた。金が出来ようと畠がふえようと、米や魚が食べられようと、いや、そういう恵まれた境遇になることによって、逆にお住は「情ない人間」の自覚に達したはずである。

> お住は思はず目を開いた。孫は彼女のすぐ隣に多愛のない寝顔を仰向けてゐた。お住はその寝顔を見てゐるうちにだんだんかう云ふ彼女自身を情ない人間に感じ出した。同時に又彼女と悪縁を結んだ倅の仁太郎や嫁のお民も情ない人間に感じ出した。その変化は見る見る九年間の憎しみや怒りを押し流した。いや、彼女を慰めてゐた将来の幸福さへ押し流した。彼等親子は三人とも悉く情ない人間だつた。が、その中にたつた一人生恥を曝した彼女自身は最も情ない人間だつた。

この百姓一家は「親子三人とも悉く情ない人間だつた」のである。足かけ八年、腰抜け同様に床に就いていた倅の仁太郎はむろん「情ない人間」であろう。夫の死後、八年あまり、働くこと自体が目的、あるいは本性であるかのごとく働き、姑を泣かしたお民も「情ない人間」である。世間で貞女の鑑とされているだけに、その情なさはきわまるだろう。しかし、血をわけた倅や一人の孫を産んだ嫁の死に、ほっとしたりするお住こそ「情ない人間」である。九年前の倅と現在の嫁の二人の死を重ねて、この安堵感を自覚しつつ、そして二人の子であり自分の孫である広次の他愛のない寝顔を見ているうちに、この「情ない人間」という自覚がはっきりしてきたのである。死んだ倅や嫁はともかく、生きているお住こそ「生恥を曝した」ことになり、最も情ない人間ということになるのである。

このように、老いた農婦の情なさが人間の宿業にまで普遍化されたとき、仁太郎の死による解放と、お民の死によるそれとの決定的な異質をひとつにつつんで、お住の人間的なあまりにも人間的な嘆きによって円環を閉じた。ふたたび無力にとりのこされたお住と孫、妻の役割にも耐ええぬ老婆と、十五歳にみたぬ少年の未来に、束の間の解放感とともにお住の思い描いた「大きな幸福」はどう保証されるのか。むろん、『一塊の土』は、このアポリアには答えない。ここに「二つ目の反転」といっておく。

結びで語り手は「この一家」を鳥瞰する。冷やかな暁のなかにとらえられたこの一家に幸福はない。生きのびたお住の将来の幸福さえ押し流されているのである。

> お住は四時を聞いた後、やつと疲労した眠りにはひつた。しかしもうその時にはこの一家の茅屋根の空も冷やかに暁を迎へ出してゐた。……

お住・お民一体としての、果てしない農民の営みと苦しみとしての「一塊の土」を見てもよいのではないか。ここにおいて自然へのはけ口は、もはや一個人のものではなく、貧しい中農の百姓一家のものとなっている。この描写の夜明けは、かえってお住には癒されることのない自分の人間性そのものの否定を暗示しているかのようである。

以上の考察した結果をまとめてみると、お民の果てしない労働の継続は、貞女の鑑にまで至り、それと同時にお住の苦しみも絶頂に達したわけである。お民が働けば働くほど、お住の幸福は遠ざかり嫁と姑の対立するこの百姓一家の幸福は成り立ちえない。二人の一体化の亀裂とともに、お住の憎悪は果てもなく増幅され、屈折し、内攻してゆく。彼女の憎しみは無慈悲で情知らずのお民だけでなく、お民を「貞女の鑑」として賞讃する世間の誤解にもむけられていて、それが耐えようもなく爆発したとき、破局はちかい。やがて、お民の唐突な死による収束を迎えることになる。お民の賑やかな葬送を終えた夜、お住は大きな幸福をめぐまれた安堵と解放感をすこしも隠そうとしない。ここに「一つ目の反転」といっておく。

お住の得た幸福—だが、芥川の人生観がこのお住の得た幸福に鋭く矢を放っている。それは、幸福の境地に、ほっとした一瞬の味わいが呼び戻したお住の自己凝視である。金ができようと畠がふえようと、米や魚が食べられようと、いや、そういう恵まれた境遇になることによって、逆にお住は「情ない人間」の自覚に達したはずである。足かけ八年、腰抜け同様に床に就いていた倅の仁太郎はむろん「情ない人間」であろう。夫の死後、八年あまり、働くこと自体が目的、あるいは本性であるかのごとく働き、姑を泣かしたお民も「情ない人間」であり、世間で貞女の鑑とされているだけに、その情なさはきわまるだろう。死んだ倅や嫁はともかく、生きているお住こそ「生恥を曝した」ことになり、お住自身が「最も情ない人間」ということになるのである。ここに「二つ目の反転」といっておく。だから、結びで語り手はこの一家を鳥瞰する。冷やかな暁のなかにとらえられたこの一家に幸福はない。

h. 小結び

第二章の芥川文学の特徴のなかでその技法面から考察してみたが、各作品の「二回の反転」の様態をまとめてみると、以下のようになるだろう。

『鼻』では、自分と同類の仲間を見出すことによって、自分の過度の特殊性、それによる独立性を解消したかったからにほかならない。一種の倒錯したヒロイズムがある。鼻が人並みになった内供がさらに笑われるというドラマである。ここに私は「一つ目の反転」といっておく。

その後も内供が笑われる、周囲からむしろ一層辛辣に笑われる理由は、もはや明らかであろう。鼻を人並みにしてしまったことは、彼の特殊性の否定であり、内供の内供としての存在意識を否定したことであり、この点を池尾の僧俗に見ぬかれた結果にほかならない。これはすでに顛倒した世界の始まりである。顛倒した世界、虚の世界、いわば鏡の世界の内部への参入の開始といえる。鼻は、内供にとって呪うべきものではなく、愛すべきものとして価値を顛倒している。ここに「二つ目の反転」といっておきたい。

『芋粥』では、世間から黙殺されて生きる彼の唯一の欲望は、ある女房と別れた5、6年前から生じた芋粥を飽きるほど食べたい、という執着であった。ここで、私は「一つ目の反転」といっておきたい。つまり、それは五位のみじめさ=人生のむなしさが強調されればされるほど、相対的に、「芋粥に飽かむ」という欲望の意味がきわだって重いものになる。

一挙に実現された欲望の達成は、それ以前の努力を無化してしまう。五位は、芋粥を飲んでいる狐を眺めながら、ここへ来ない前の彼自身を、なつかしく、心のなかでふり返った。ここに「二つ目の反転」が表わしたといっておく。

『手巾』では、西山夫人は口許には微笑さえ浮かべながら事実を報告する。が、手はふるえ、手巾を裂かんばかりにかたく握りしめていた。先生はその態度に感動し、「日本の女の武士道」だと思う。この部分をもって私は「一つ目の反転」といっておく。

ストリントベルグの『ドラマトウルギイ』の中で、それと同じようなハイベルグ夫人の演技が「臭味」と決めつけられているのを読んで、先生の心はまた揺らぐのであった。いわば、手巾を握りしめるハイベルク夫人の二重の演技を「臭味」と規定して非難する条を読んだ先生は、「得体の知れない何物」かがその調和を乱すことに気づき、一変して不快な気分に陥っていく。私はここで、この作品での「二つ目の反転」だと命名しておこう。西山夫人とハイベルク夫人の、手巾を握りしめる所作は、外見上は確かに同一であるとしても、一方は「一般道徳上」問題であり、他方は「演出法」に属するものである。その一方、ハイベルク夫人の例は、もともと演劇論の中で論じられている演技の問題例なのである。

『戯作三昧』では、母のお路と祖母と一緒に仏参に出掛けていた太郎は、帰ってくるなり、執筆中は家内の誰も入って来ない書斎の襖を開け、馬琴の膝の上へ勢いよく飛びのる。最後に「浅草の観音様がさう云つたの」といって、自分が語った馬琴への励ましの言葉を、それとは理解しえていない太郎は、「うまく祖父をかついだ面白さに小さな手を叩きながら、ころげるやうにして」母のいる茶の間の方へ駆けて行く。私はここを「一つ目の反転」であると命名しておこう。

太郎の話を聞いて「厳楽な何物か」が心に閃いた馬琴は、その夜一心に創作に打ち込む。「戯作者の厳かな魂」を語った作品のクライマックスに続けて、作者は茶の間に目を転じて、家族達の一景を描きとめている。つまり、「困り者だよ。碌なお金にもならないのにさ」というお百のことばに示される日常的な人生が顔を出す。ここに私は「二つ目の反転」と言っておこう。創作三昧に没入して日常的な全てを忘却している馬琴の描写に、縫物をしたり、丸薬作りに励む、現実的な営みに勤しんでいる家族の姿を並記することによって、芸術家の生の至純な姿、創作三昧という「恍惚たる悲壮」の時間を生きることさえ、「困り者」として相対化してしまう現実的なものの残余を描き、それによって芸術家の実相、その至上性の有つ限定的性格を、芥川は正確に捉え描出していたわけである。

『蜜柑』では、丁度汽車がトンネルへ入るのと同時に、その車窓が開いたために、そこから流れ込んだ「煤を溶かしたやうなどす黒い空気」を満面にあびることになった「私」は、「殆息もつけない程咳きこまなければなら」ぬ状態になり、小娘を「頭ごなしに叱りつけ」ようとしたのであった。とたんに汽車はトンネルをぬけ出て、あたりが急に明るくなる。しかし、窓外は相変わらず索漠とした冬景色である。「私」に「疲労と倦怠」などを忘れさせてくれたのは「僅に」のことであり、一時は「私」の眼に「別人」のように映じた小娘も、相変わらずであろう。幸福な日の後には暗い現実に沈み込む生活に、そしてやがてそれが日常化して「退屈な人生」に帰着していくことになる。私はここに「一つ目の反転」といっておく。

見送りに来てくれた弟たちの労に報いるために、小娘が車窓から投げ与えた蜜柑の輝きは、「私」の前に次のような展開をもたらしている。この「蜜柑の色」が輝いた一瞬こそ、まさに「刹那の感動」そのものにほかならないわけだが、暗い人間、人生認識から出発して、暖かな日の色に染っている蜜柑の発見に至った。しかし、「刹那の感動」ではもはや代換しえない人生の倦怠の、暗く重い広がりを正しくみるべきであろう。その次にくる日常現実、つまり娘はあいかわらず、ひびだらけの赤い頬をして、手に三等切符を握りしめている、みすぼらしい田舎者に過ぎないのである。ここに私は「二つ目の反転」といっておく。

『一塊の土』では、お住の憎しみは無慈悲で情知らずのお民だけでなく、お民を「貞女の鑑」として賞讃する世間の誤解にもむけられていて、それが耐えようもなく爆発したとき、破局はちかい。やがて、お民の唐突な死による収束を迎えることになる。お民の賑やかな葬送を終えた夜、お住は「大きな幸福」をめぐまれた安堵と解放感をすこしも隠そうとしない。ここに「一つ目の反転」といっておく。

金が出来ようと畠がふえようと、米や魚が食べられようと、いや、そういう恵まれた境遇になることによって、逆にお住は「情ない人間」の自覚に達したはずである。足かけ八年、腰抜け同様に床に就いていた倅の仁太郎はむろん「情ない人間」であろう。夫の死後、八年あまり、働くこと自体が目的、あるいは本性であるかのごとく働き、姑を泣かしたお民も「情ない人間」であり、世間で貞女の鑑とされているだけに、その情なさはきわまるだろう。死んだ倅や嫁はともかく、生きているお住こそ「生恥を曝した」ことになり、「最も情ない人間」ということになるのである。ここに「二つ目の反転」といっておく。

総合的にまとめてみると、部分的であるが、芥川の作品における技法的な側面での特徴は「二回の反転」が多くことがわかった。そして、芥川作品における技法的な側面の特徴は、内容面の特徴と通じていることがわかった。

Ⅲ. 結論

今でも芥川研究はたくさん出ており、新しい問題点を見いだしていくのは困難ではないかと考えていた私としては、まだたくさんの可能性が秘められている、ということを学んだと思う。10年の作家生活を通じて、芥川は意識的に、小説の技術的洗練と形式的完成に努めた。したがって創り出された作品は、歴史物にしても、現実風なものにしても、私小説的なものにしても、詩的なものにしても、その素材や内容、主題や形式などに知的工夫を凝らし、刻苦しつつ徹底的な完成を求めるものとなり、ロマンを指向した。このことははやく芥川の宿命とされていたと思う。

本論文は、テーマが指示するように芥川文学の魅力を内容面と技法面とに大別して、各作品の読みに迫ってみた。

まず、芥川文学の特徴について、彼の文学を内容面と技法面に大きく分けて追求してみた。

第一、芥川文学の特徴のなかでその内容面から考察してみたが、各作品の「くり返される塵労」の様態をまとめてみると、以下のようになるだろう。

その一、『偸盗』では、我執の認識から、それを克服する救済の原理の確認というところにとどまらず、また人生はくり返されていく。また、「人間は、何時までの同じ事を繰返して行く」という、婆のさびしい心もちの中で、生は、その空虚をあらわに示してくる。時間の経過とともに、自分の生から娘の生へ、夫の生から太郎次郎の生へと、荒廃した生が、次々と続いて流れていくだけであろう。重く暗く醜い生の営為は常につづくだろうというのが私の考えなのである。

その二、『蜘蛛の糸』では、犍陀多の、果てしない人生の営みと苦しみはつづくだろうというところに作品の主題があるのではないか。人間というものはそこに住すれば救いと光明とに連り得る素質を持ちながら、その素質に徹し得ない弱さをも同時に与えられている、そういう人間であるが故に、人間は始終光明と苦悩との間を住ったり来たりして、惨めな苦悩にも喘がねばならない、そんな犍陀多の相がそこに描かれているのである。だから、この作品における犍陀多の人生も相変わらず繰り返される塵労であるに違いない。

その三、『蜜柑』では、蜜柑の明るい輝きが、この小娘の一生を貫く想い出になることはもはやないのであり、トンネルの多い鉄路に似て、明暗交々の生活がはてしなくくり返されるだけである。「私」はいずれは繰返しの多い日常的現実、「不可解な、下等な、退屈な人生」の中へ帰っていくのであり、小娘もトンネルの多い鉄路さながらに、明暗交々現実に、すなわち幸福な日の後には暗い現実に沈み込む生活に、そしてやがてそれが日常化して「退屈な人生」に帰着していくことになる。平凡で、暗愚で不可解な人生が時として、荘厳ななにものかをかいま見せることがあるということも真実であるし、しかしながらもまたくり返される人生の退屈さも再びひろげていくのであろう。

その四、『秋』では、作品世界が、「秋—」とつぶやく主人公信子の、全身で感じた「寂しさ」に収斂している。薄濁った空、疎らな屋並、高い木々の黄ばんだ梢、— 後にはあいかわらず人通りの少い場末の町があるばかりであった。文学への夢も俊吉への愛をも失ったことを自覚した信子は、平凡な夫との日常的な生活に戻るしかなかったのである。夫との仲たがいをくり返しつつ、しだいに、不可解、下等、退屈な人生を信子は生きて行くようになるのであった。

その五、『トロッコ』では、良平が日暮れて一人取残され、菓子はもちろん板草履や羽織まで脱ぎ捨てて、必死になって吾家をめざし駈け上り、駈け下ったトロッコの線路沿いの道は、日々戦いの人生の道と重なる。読者は人生のある瞬間にふと佇む「塵労に疲れた」良平の屈託のさまを想像しうる。

いわば、楽しいこともあったはずの思い出の前半が忘却され、思い出の中の後半の心細かった一筋の細路がまるで来し方の人生の起伏を振り替えるように薄暗い薮とともに回想されている。幼い日の切ない思い出は、現在の良平の生活に、いまも、「細々と一すじ断続してゐる」世界なのである。塵労に疲れた彼の前にあのときの路が見えてくる。良平の現在の塵労と当時の土工の塵労とを重ねて、生活の塵労もにじみ出ているようである。

その六、『玄鶴山房』では、玄鶴は肉体的衰弱と苦痛のなかで、自らの一生が「如何にも浅ましい一生だつた」ことを痛感する。肉体的苦痛のみならず精神的苦痛にうめきながら、彼は自分の「浅ましい一生」をふり返る。あいかわらず生の深刻な危機は改変されないまま続いている。ありふれた家庭悲劇を描きながら日常性にひそむ地獄を暗示し、生の本質的な悲劇性を告知する奥ゆきをそなえることになったのである。

以上のようにまとめてみると、各作品の文末に人生は結局、あいかわらず生の深刻な危機は続いている。つまり、主人公達の人生とは、僅かにはカタルシスを与えてくれることもあるが、また繰り返される塵労が待つだけであることがわかった。

第二、芥川文学の特徴のなかでその技法面から考察して、各作品の

「二回の反転」の様態をまとめてみた。以下のようになるだろう。

その一、『鼻』では、自分と同類の仲間を見出すことによって、自分の過度の特殊性、それによる独立性を解消したかったからにほかならない。一種の倒錯したヒロイズムがある。鼻が人並みになった内供がさらに笑われるというドラマである。ここには「一つ目の反転」といっておく。

その後も内供が笑われる、周囲からむしろ一層辛辣に笑われる理由は、もはや明らかであろう。鼻を人並みにしてしまったことは、彼の特殊性の否定であり、内供の内供としての存在意識を否定したことであり、この点を池尾の僧俗に見ぬかれた結果にほかならない。これはすでに顛倒した世界の始まりである。鼻は、内供にとって呪うべきものではなく、愛すべきものとして価値を顛倒している。ここに「二つ目の反転」といっておきたい。

その二、『芋粥』では、世間から黙殺されて生きる彼の唯一の欲望は、ある女房と別れた5、6年前から生じた芋粥を飽きるほど食べたい、という執着であった。ここで、私は「一つ目の反転」といっておきたい。

一挙に実現された欲望の達成は、それ以前の努力を無化してしまう。五位は、芋粥を飲んでいる狐を眺めながら、ここへ来ない前の彼自身を、なつかしく、心のなかでふり返った。ここに「二つ目の反転」が表わしたといっておく。

その三、『手巾』では、西山夫人は口許には微笑さえ浮かべながら事実を報告する。が、手はふるえ、手巾を裂かんばかりにかたく握りしめていた。先生はその態度に感動し、「日本の女の武士道」だと思う。この部分をもって「一つ目の反転」といっておく。

ストリントベルグの『ドラマトウルギイ』の中で、それと同じようなハイベルグ夫人の演技が「臭味」と決めつけられているのを読んで、先生の心はまた揺らぐのであった。いわば、手巾を握りしめるハイベルク夫人の二重の演技を「臭味」と規定して非難する条を読んだ先生は、「得体の知れない何物」かがその調和を乱すことに気づき、一変して不快な気分に陥っていく。ここで、この作品での「二つ目の反転」だと命名しておこう。

その四、『戯作三昧』では、母のお路と祖母と一緒に仏参に出掛けていた太郎は、帰ってくるなり、執筆中は家内の誰も入って来ない書斎の襖を開け、馬琴の膝の上へ勢いよく飛びのる。太郎は、「うまく祖父をかついだ面白さに小さな手を叩きながら、ころげるやうにして」母のいる茶の間の方へ駆けて行く。ここを「一つ目の反転」であるといっておく。

太郎の話を聞いて「厳楽な何物か」が心に閃いた馬琴は、その夜一心に創作に打ち込む。「困り者だよ。碌なお金にもならないのにさ」というお百のことばに示される日常的な人生が顔を出す。ここに「二つ目の反転」といっておこう。

その五、『蜜柑』では、丁度汽車がトンネルへ入るのと同時に、その車窓が開いたために、そこから流れ込んだ「煤を溶かしたやうなどす黒い空気」を満面にあびることになった「私」は、「殆息もつけない程咳きこまなければなら」ぬ状態になり、小娘を「頭ごなしに叱りつけ」ようとしたのであった。とたんに汽車はトンネルをぬけ出て、あたりが急に明るくなる。しかし、窓外は相変わらず索漠とした冬景色である。「私」に「疲労と倦怠」などを忘れさせてくれたのは「僅に」のことであり、一時は「私」の眼に「別人」のように映じた小娘も、相変わらずであろう。幸福な日の後には暗い現実に沈み込む生活に、そしてやがてそれが日常化して「退屈な人生」に帰着していくことになる。ここに「一つ目の反転」といっておく。

見送りに来てくれた弟たちの労に報いるために、小娘が車窓から投げ与えた蜜柑の輝きは、「私」の前に次のような展開をもたらしている。この「蜜柑の色」が輝いた一瞬こそ、まさに「刹那の感動」そのものにほかならないわけだが、暗い人間、人生認識から出発して、暖かな日の色に染っている蜜柑の発見に至った。しかし、「刹那の感動」ではもはや代換しえない人生の倦怠の、暗く重い広がりを正しくみるべきであろう。その次にくる日常現実、つまり娘はあいかわらず、ひびだらけの赤い頬をして、手に三等切符を握りしめている、みすぼらしい田舎者にすぎないのである。ここに「二つ目の反転」といっておく。

その六、『一塊の土』では、お住の憎しみは無慈悲で情知らずのお民だけでなく、お民を「貞女の鑑」として賞讃する世間の誤解にもむけられていて、それが耐えようもなく爆発したとき、破局はちかい。やがて、お民の唐突な死による収束を迎えることになる。お民の賑やかな葬送を終えた夜、お住は「大きな幸福」をめぐまれた安堵と解放感をすこしも隠そうとしない。ここに「一つ目の反転」といっておく。

金が出来ようと畠がふえようと、米や魚が食べられようと、いや、そういう恵まれた境遇になることによって、逆にお住は「情ない人間」の自覚に達したはずである。足かけ八年、腰抜け同様に床に就いていた倅の仁太郎はむろん「情ない人間」であろう。夫の死後、八年あまり、働くこと自体が目的、あるいは本性であるかのごとく働き、姑を泣かしたお民も「情ない人間」であり、世間で貞女の鑑とされているだけに、その情なさはきわまるだろう。死んだ倅や嫁はともかく、生きているお住こそ「生恥を曝した」ことになり、「最も情ない人間」ということになるのである。ここに「二つ目の反転」といっておく。

このようにまとめてみると、部分的であるが、芥川の作品における技法的な側面での特徴は「二回の反転」が多くことがわかった。そして、芥川作品における技法的な側面の特徴は、内容面の特徴と通じていることがわかった。

芥川文学の特徴については、彼の文学を内容面と技法面に大きく分けて追求してみた。芥川文学の特徴のなかでその内容面から考察して、各作品の「くり返される塵労」の様態をまとめてみると、人生は塵労と倦怠に満ちていても、芥川は、時にあらゆる残滓を洗って、新しい鉱脈のように輝く時間に生の充実を求めた。

芥川文学の特徴のなかでその技法面から考察してみた結果、各作品の「二回の反転」の様態は、部分的であるが、芥川の作品における技法的な側面での特徴は「二回の反転」が多くあることがわかった。そして、芥川作品における技法的な側面の特徴は、内容面の特徴とつながっていることがわかった。

本論文の問題点としては、問題を広げすぎたこともあってか、論旨にいささか散漫の感を拭えなかったと思われる。いずれも大きい問題を一挙にとりあげたためか、いささか散漫に流れたきらいもある。

しかし、芥川文学の全貌を一部でも理解することができ、研究することによつて、芥川文学の解明に多少の光をあてることができたのではないかと思われる。

芥川文学は、今後も新しい多くの読者を魅きつけ、多くのことを語り続けて行くことであろう。その論理を逆手にとることによって、ダイナミックに構築されたということができたのではないか。この論文が、芥川文学の質、ないし性格をあらためて規定する上で、一つの契機となったと思う。新たな芥川研究へのステップのための一記録としてここに残しておく次第である。さらに、今後の芥川文学の深化、発展の第一歩となり、彼の文学研究に携わる韓国での後進のささやかな新しい芥川像提示につながっていったと思う。

しかし、この研究は問題提起にすぎなかった。今後の研究課題としては、他の作家と芥川文学との関連性、あるいは韓国人のみの独特な視点からの議論は、それをめぐって展開されることとなるはずであったが、今回の研究はそこにまで及びなかった。今後の課題として持ち越して置きたいと思う。

参考文献

三好行雄外3人共編、日本現代文学大事典、明治書院、平成6・6
吉田精一編、日本文学鑑賞辞典、東京堂出版、昭和62・9
有精堂編、近代小説研究必携、有精堂、1988・6
海老井英次編、鑑賞日本現代文学、角川書店、昭和56・7
関口安義、芥川竜之介、岩波書店、1995・10
国文学 解釈と教材の研究 第17巻16号、学灯社、昭和47・12
国文学 解釈と教材の研究 第20巻7号、学灯社、昭和56・5
国文学 解釈と教材の研究 第30巻5号、学灯社、昭和60・5
国文学 解釈と教材の研究 第36巻11号、学灯社、平成3・9
吉村稠・中谷克之共著、芥川文芸の世界、明治書院、昭和56・12
浅井清外6人共編、新研究資料現代日本文学 第1巻、小説1・戯曲、明治書院、2000・3
平岡敏夫、芥川竜之介、大修館書店、1982・11
三好行雄、芥川竜之介論、筑波書店、1993・3
『一冊の講座』編集部編、芥川竜之介、有精堂、昭和57・7
海老井英次・宮坂覚共編、作品論芥川竜之介、双文社出版、1990・12
海老井英次、芥川竜之介論攷、桜楓社、昭和63・2
国文学解釈と教材の研究 第28巻第6号臨時号、学灯社、昭和58・4
三好行雄編、別冊国文学第30号、学灯社、昭和62・1
国文学解釈と教材の研究 第32巻9号臨時号、学灯社、昭和62・7
三好行雄編、別冊国文学特大号 学灯社、昭和58・7

国文学解釈と教材の研究 第33巻7号6月号、学灯社、昭和63・6
国文学解釈と教材の研究 第35巻6号臨時号、学灯社、平成62・7
国文学解釈と教材の研究 第23巻11号、学灯社、昭和53・9
国文学解釈と教材の研究 第25巻4号臨時号、学灯社、昭和55・3
菊地弘編、日本文学研究大成芥川竜之介Ⅰ、国書刊行会、平成6・9
浅野洋・芹沢光興・三嶋譲共編、芥川竜之介を学ぶ人のために、世界思想史、2000・3
菊地弘編、日本文学研究大成 芥川竜之介Ⅱ、国書刊行会、平成7・9
三好行雄編、別冊国文学NO.2、学灯社、昭和54・2
宮坂覚編、芥川竜之介作品論集成 別巻芥川文学の周辺、翰林書房、2001・3
国文学解釈と教材の研究 第33巻6号、学灯社、昭和63・5
国文学解釈と鑑賞 第48巻4号、至文堂、昭和58・3
国文学解釈と鑑賞 第64巻11号、至文堂、平成11・11
関口安義、庄司達也共編、芥川竜之介全作品事典、勉誠出版、平成12・6
河泰厚、芥川竜之介の基督教思想、翰林書房、1998・5
関口安義編、新潮日本文学アルバム13 芥川竜之介、新潮社、1983・10
海老井英次、芥川竜之介、桜楓社、1992・11
森本修、人間芥川竜之介、三弥井書店、昭和56・5
宇野治二、芥川竜之介、筑摩書房、昭和56・4
国文学解釈と教材の研究 第41巻5号、学灯社、平成8・4
関口安義編、旅とふるさと 国文学解釈と感賞別冊、至文堂、平成13・1
国文学解釈と教材の研究 第46巻11号、学灯社、平成13・9
国文学解釈と教材の研究 第26巻7号、学灯社、昭和56・5
高田瑞穂、有精堂新書29 芥川竜之介論考、有精堂、昭和51・9
関口安義、芥川竜之介、岩波新書、1995・10
岩井寛、芥川竜之介、金剛出版、昭和58・4
後藤明生 他、群像日本の作家 芥川竜之介、小学館、1991・4
日本文学研究資料刊行会編、芥川竜之介Ⅰ、有精堂、昭和55・10

日本文学研究資料刊行会編、芥川竜之介Ⅱ、有精堂、昭和56・9
大正文学研究会編、芥川竜之介研究、日本図書センター、1992・9
石割透編、芥川竜之介、有精堂、1987・12
芥川文、追想芥川竜之介、中央公論社、昭和56・7
ひびの・ひろし、芥川竜之介の仕事、いちご書房、1960・7
浅野洋・木村一信・三嶋譲共編、作品と資料 芥川竜之介、双文社、昭和60・3
芹沢俊介、芥川竜之介の宿命、筑摩書房、1981・2
小島政二郎、芥川竜之介、読売新聞社、昭和53・2
宮坂覚、芥川竜之介作品論集成 第6巻、翰林書房、1999・12
関口安義編、芥川竜之介作品論集成 第5巻、翰林書房、1999・7
清水康次編、芥川竜之介作品論集成 第4巻、翰林書房、1999・6
石割透編、芥川竜之介作品論集成 第3巻、翰林書房、1999・8
海老井英次編、芥川竜之介作品論集成 第2巻、翰林書房、1999・6
浅野洋編、芥川竜之介作品論集成、翰林書房、2000・3
川上光教、芥川竜之介、武蔵野書房、2001・5
高橋博史、芥川竜之介の達成と摸索、至文堂、平成9・5
関口安義、「羅生門」を読む、小沢書房、1999・2
真杉秀樹、芥川竜之介のナラトロジー、沖積舎、平成9・6
平岡敏夫、芥川竜之介と現代、大修館書店、1995・7
宮坂覚、芥川竜之介人と作品、翰林書房、1998・4
山敷和男、芥川竜之介の芸術論、現代思潮新社、2000・7
関口安義、この人を見よ　芥川竜之介と聖書、小沢書房、1995・7
関口安義、芥川竜之介の手紙、大修館書店、1993・12
梅田鉄夫編、芥川竜之介第3号、洋々社、1994・2
梅田鉄夫編、芥川竜之介第2号、洋々社、1992・4
梅田鉄夫編、芥川竜之介第1号、洋々社、1991・4
鄭寅汶、日本近代文学研究方法論、J&C、2004・8
鄭寅汶、芥川竜之介作品研究(Ⅰ)、J&C、2001・9

鄭寅汶、日本近現代小説論、世宗出版社、2000・3
鄭寅汶、日本近現代作品研究、J&C、2002・1
鄭寅汶、芥川竜之介作品世界の再認識、報告社、2002・9
鄭寅汶、芥川竜之介作品研究(Ⅱ)、J&C、2003・3
浅井清 外6人共編、新研究資料 現代日本文学第1巻、明治書院、平成16・7
浅井清・佐藤勝共編、日本現代小説大事典、明治書院、平成16・7
日本近代文学館編、日本近代小説大事典 第1巻、講談社、昭和52・9
近代作家研究事典刊行会編、近代作家研究事典、桜楓社、昭和58・6
三好行雄、三好行雄著作集 第四巻、筑摩書房、1993・5
三好行雄、三好行雄著作集 第五巻、筑摩書房、1993・2
三好行雄、日本の近代小説Ⅰ、東京大学出版会、1986・6
有精堂編集部編、近代小説研究必携2、有精堂、1988・6
広島一雄、日本文学案内 近代篇、朝日出版社、1977・9
春原千秋・梶谷哲男共著、精神医学からみた作家と作品、牧野出版、1982・5
三好行雄・竹盛天雄共編、近代文学4、有斐閣、昭和52・9
高橋さやか、児童文学、新読書社、1989・9
紅野敏郎・佐藤勝・平岡敏夫共著、近代小説研究作品・資料、秀英出版社、昭和57・4
分銅惇作編、近代小説鑑賞と研究、東京堂出版、昭和57・3
小田切透雄、教育文庫15 明治大正の名作を読み、むぎ書房、1983・11

鄭寅汶

* 동아대학교 대학원 국어국문학과 박사과정 수료(문학박사)
* 일본 大東文化대학 대학원 문학연구과 박사후기과정 일본근대문학전공 수료(일본문학박사)
* 일본 筑波대학 대학원 인문사회과학연구과 (일본문학박사, 논문박사)
* 문학평론가
* 동아대학교 일어일문학전공 교수

【主要著書】
· 芥川龍之介 作品 研究 1, 2
· 太宰治 作品 研究 1, 2
· 1910/20년대의 한일 근대문학 교류사
· 일본문학 키워드
· 일본 근/현대 작가 연구
· 일본근대 소설의 감상방법과 실제 I
· 일본근대문학의 어제와 오늘 외 다수.

芥川文学の主題と技法
ー繰り返される塵労と二回の反転ー

初版印刷 2006年 7月 18日
初版發行 2006年 7月 26日

저 자 鄭寅汶
발 행 처 제이앤씨
등 록 제7-220호

132-040 서울시 도봉구 창동 624-1 현대홈시티 102-1206
TEL (02)992-3253 FAX (02)991-1285
e-mail, jncbook@hanmail.net | www.jncbook.co.kr

ISBN 89-5668-361-1 93830 정가 8,500원